FREDMUND MALIK

GEFÄHRLICHE MANAGEMENTWÖRTER

FREDMUND MALIK

GEFÄHRLICHE MANAGEMENTWÖRTER

Und warum man sie vermeiden sollte

Frankfurter Allgemeine
Buch

Bibliografische Information Der Deutschen Bibliothek –
Die Deutsche Bibliothek verzeichnet diese Publikation in der
Deutschen Nationalbiografie; detaillierte bibliografische
Daten sind im Internet über http://dnb.ddb.de abrufbar.

Fredmund Malik

Gefährliche Managementwörter

Und warum man sie vermeiden sollte

F.A.Z.-Institut für Management-,
Markt- und Medieninformationen GmbH

3. Auflage
Frankfurt am Main 2005

ISBN 3-89981-039-2

Frankfurter Allgemeine
Buch

Umschlaggestaltung Rodolfo Fischer Lückert
Bildauswahl/Satz
Umschlag F.A.Z.-Marketing/Grafik
Satz Innen Angela Kottke
Druck Druckerei Steinmeier, Nördlingen
Bindung Oldenbourg Buchmanufaktur, Monheim

Printed in Germany

INHALT

Ein Informatiker tut alles, damit die Festplatten der Computer frei von Viren bleiben. Man weiß, wie gefährlich sie sind. Wie verhindert man aber, daß »Viren«, nämlich gefährliche Ideen, in die Köpfe der Mitarbeiter eines Unternehmens, einer Organisation gelangen können? Das ist wichtiger als der Virenschutz für Computer, denn in falschen Begriffen, falschen Ideen und falschen Denkweisen liegt der Ursprung für falsches Management. Daher sind die Wörter, die in einem Unternehmen verwendet werden, von entscheidender Bedeutung.

Die wirtschaftlichen Fehlentwicklungen und Exzesse der jüngeren Vergangenheit sind maßgeblich der Verwirrung von Sprache und des Denkens zuzuschreiben. Diese Meinung habe ich durch die 1990er Jahre hindurch konsequent vertreten und publiziert. Es ist keine Besserwisserei im nachhinein, die mich zu meiner kritischen Haltung veranlaßt.

Ohne Sprachverwirrung hätte es weder den Unfug von der New Economy geben können, die aus den naiv behaupteten Wundern von Informatisierung und Digitalisierung ohne materielle Wertschöpfung hätte erblühen sollen, noch wäre der Spuk des Shareholder Value möglich gewesen, der zu einer der größten Fehlallokationen wirtschaftlicher Ressourcen geführt hat. Weder hätten Bilanzmanipulation und Bilanzbetrug in historischem Ausmaß vorkommen können noch die Verwechslung von Börsen-Start-ups mit echter Innovation. Wie »Money Burn Rate« jemals zu einem respektierten Begriff der Unternehmensbeurteilung werden konnte, wird von der Massenpsychologie, besonders den Spezialisten für Börsenhysterie, zu erklären sein. Ohne Sprachverwirrung wäre auch die medial kritiklos verbreitete Fata Morgana von der weltweiten Überlegenheit der amerikanischen Wirtschaft und ihres Managements unmöglich gewesen. Klare Sprache als Instrument klaren Denkens hätte jene Differenzierung und Skepsis geschaffen, die für die realitätsgetreue Orientierung von Wirtschaft und Gesellschaft unerläßlich sind.

Was George Orwell in »1984« nur skizzieren konnte, ist in der Mediengesellschaft des Neoliberalismus im Übergangsjahrzehnt zum dritten Jahrtausend perfektioniert worden. Das hat zu einer schweren, vielleicht auf Jahre nicht heilbaren »Virenerkrankung« eines der wichtigsten Organe dieser Gesellschaft – des Managements – geführt. Selbst wenn die Krankheit eines Tages, wenn eine neue Managergeneration herangewachsen ist, beseitigt sein wird, so werden die Schäden noch lange nicht geheilt und die Folgen noch lange nicht überwunden sein.

Klarheit der Sprache für gute Führung

Wer ein Unternehmen oder eine andere Institution richtig und gut führen will, muß auf die Sprache achten. Manche Begriffe sollten ganz vermieden werden; bei anderen ist klarzustellen, wie sie zu gebrauchen sind. Wie weit man gehen will, muß im Einzelfall entschieden werden. Vielleicht hat man trotz aller Vorbehalte gute Gründe, gewisse »gefährliche« Wörter weiterzuverwenden. Man muß sich aber immer darüber im klaren sein, daß mit ihnen Risiken verbunden sind: Risiken von Mißverständnissen und, am wichtigsten, von Fehlentscheidungen.

So hatte zum Beispiel der Vorstand einer erfolgreichen Bank den Mut, die Mitarbeiter dazu anzuhalten, Fremdwörter zu vermeiden. Das mag etwas weit gehen, aber es ist nicht nur mutig, sondern es ist gut für Klarheit, Verständlichkeit und funktionierende Kommunikation. Zudem ist es ein wirksamer Schutz gegen Bluffer und Angeber. Ein solches Verbot ist kein Verstoß gegen das Grundrecht der Meinungsfreiheit. Selbstverständlich dürfen und sollen alle Mitarbeiterinnen und Mitarbeiter ihre Meinung frei äußern; sie werden nur dazu angehalten, das in einer verständlichen Sprache zu tun.

In diesem Buch behandle ich eine Auswahl von Wörtern, deren Verwendung ich als Unsitte ansehe und teilweise für gefährlich halte, wie zum Beispiel »Vision« und »Leadership«. Zum Teil sind es auch Wörter, aus denen sich eine fehlgeleitete Praxis entwickelt hat, wie etwa »Personalentscheidungen«, oder umfassende Fehleinschätzungen, wie bei »US-Managementüberlegenheit«. Es sind Wörter, die in den letzten Jahren so häufig verwendet wurden, daß sie zu Standardbegriffen im Management und ihre Bedeutungen zu herrschenden (Falsch-)Meinungen geworden sind.

Zum Teil sind diese Wörter Ausdruck und Folgen von Moden. Überhaupt ist Management wie kaum ein anderes Gebiet von Moden durchsetzt. Solange etwas in Mode ist, wird es meistens dogmatisch vertreten, oft mit inquisitorischem Eifer, insbesondere von jenen, die die Moden im Management machen, häufig Beratungsfirmen, deren Geschäftsbasis sie sind. Zu einem guten Teil sind die hier behandelten Wörter aber auch die Folge von mangelhafter Ausbildung im Management, was dazu führt, daß Moden als solche nicht erkannt werden. Viele Führungskräfte hatten nie Gelegenheit, sich fundierte Kenntnisse über Management anzueignen. Sie verfügen lediglich über Halbwissen, das bekanntlich gefährlicher ist als Unwissen.

Es ist ein klares Zeichen von gutem Management, wenn in einem Unternehmen dagegen vorgegangen wird. In einer Organisation sind funktionierende Kommunikation und echte Verständigung ohnehin schwierig genug. Dazu tragen die in der Regel nicht besonders hoch entwickelten allgemeinen sprachlichen Fähigkeiten im Management bei. Wenn zusätzlich Begriffe falsch und irreführend verwendet werden, kann gute Kommunikation kaum gelingen.

Die Gefährlichkeit der hier behandelten Begriffe liegt nicht nur in dieser allgemeinen Kommunikationsschwierigkeit, sondern noch stärker darin, daß sie das Denken und Handeln von Management und Mitarbeitern in die falsche Richtung lenken. Sie transportieren Vorstellungen über Führung von Unternehmen, den Umgang mit Mitarbeitern und das Verhalten gegenüber Kunden, die schädlich und manchmal Ursache für den Untergang von Unternehmen sind.

Die Begriffe, die ich als »gefährlich« einstufe, dienen vielen Zwecken. Mit ihnen wird Meinung, Politik und Geschäft gemacht, werden Interessen verfolgt und Status legitimiert. Es sind Begriffe, mit denen man zu beeindrucken versucht. Zu beeindrucken ist die Strategie einer gewissen Sorte von Experten und Intellektuellen. Eindruck zu machen, ist die wichtigste, weil einzige Basis ihrer Existenz. Daher tun sie alles, um den semantischen Schein zu wahren – als Pseudowissenschaftler, als graue Eminenzen in den Organisationen, in Stabsbereichen, in Kommissionen, als Berater, Spezialisten, Therapeuten und Gurus. Sprachwolken, hochtrabende Begriffe und schicke Worthülsen sind ihre bevorzugten Mittel.

Gute Führungskräfte lassen sich aber nicht beeindrucken, jedenfalls nicht auf Dauer.

Mehr als Sprachfinessen

Es geht weder um Sprachfinessen noch um Stil- oder Geschmacksfragen, sondern um richtiges Denken und wirksame Verständigung. Die »gefährlichen« Wörter sind eine Quelle von Mißverständnissen. Sie erschweren vernünftige

Kommunikation. Sie sind die Ursache von fehlgeleiteten Erwartungen und falschem Verhalten von Mitarbeitern. Im Extremfall machen sie die Führung einer Organisation unmöglich.

Es geht um Klarheit, Verständlichkeit und professionelle Präzision. Eine klare und genaue Terminologie ist Kennzeichen hochentwickelter Wissenschaften und Disziplinen. Die Beherrschung der Begriffswelt ist eine unverzichtbare Bedingung für Professionalität und Kompetenz.

Niemand würde in den technischen und naturwissenschaftlichen Fächern ernst genommen, der Geschwindigkeit und Beschleunigung nicht auseinanderhalten kann. Ein Jurist, der zwischen Eigentum und Besitz oder Miete und Leasing nicht zu unterscheiden weiß, ist nicht nur inkompetent, sondern gefährlich. Man würde ihm einen Fall im Sachenrecht nicht anvertrauen dürfen. Gerade, wo es um feine, aber eben wichtige Unterscheidungen geht, sind Klarheit und Präzision entscheidend.

Analoges kommt im Management nicht als Ausnahme, sondern regelmäßig vor. Wir sind hier weit von der in anderen Disziplinen längst erreichten und selbstverständlichen Präzision entfernt. In fast jeder Diskussion mache ich die Erfahrung, daß Führungskräfte, so professionell sie in ihren Fachdisziplinen sein mögen, in Managementfragen keine klaren Begriffspositionen haben.

Bloßes Definieren und etymologische Bedeutungsklärung sind aber nicht mein Anliegen. Das Buch ist kein Lexikon, die Reihenfolge der Kapitel unterliegt keiner inhaltlichen Ordnung. Jedes der hier besprochenen Wörter steht stellvertretend für eine falsche Theorie, für eine weitverbreitete, einflußreiche, aber irreführende Meinung im Management – und es geht um ihre Richtigstellung: für besseres und verantwortungsvolleres Management.

CHARISMA

Wir brauchen Leader mit Charisma! Das ist eine Forderung, die seit einiger Zeit mit wachsendem Nachdruck erhoben wird.

Daß es nicht genügt, wenn Manager lesen und schreiben können und durchschnittlich anständige Menschen sind, ist klar. Sie haben höhere Anforderungen zu erfüllen. Muß man deswegen aber gleich ins andere Extrem fallen? Irgendwie ist die Vorstellung in die Welt gekommen, Manager, insbesondere jene an der Spitze, müßten eine Mischung aus einem Nobelpreisträger, einem antiken Feldherrn und einem TV-Showmaster sein ... ein Universalgenie ... eine eierlegende Wollmilchsau ...

Man hat gelernt, in Zusammenhang mit Management viel Unsinn zu tolerieren. Nun aber auch noch Charisma ... Damit wird der Unsinn gefährlich. Sollte man nach den Erfahrungen des 20. Jahrhunderts nicht etwas vorsichtiger sein und vielleicht doch denken, bevor man redet? War nicht gerade das vergangene Jahrhundert die Epoche der charismatischen Führer schlechthin, und hießen sie nicht Hitler, Stalin und Mao?

Bezeichnenderweise wird immer der englische Ausdruck »Leader« verwendet. Man traut sich nicht, das Kind beim Namen zu nennen: Führer. Es mag gelegentlich wegen Übersetzungschwierigkeiten besser sein, bei den englischen

Begriffen zu bleiben. »Leader« läßt sich aber ganz einfach, glasklar und irrtumsfrei ins Deutsche übersetzen. Das wäre allerdings dem Fabulieren und romantischen Schwärmen über Charisma hinderlich. Auch ein kurzer Blick ins Lexikon oder in die Soziologie von Max Weber würde helfen, den gröbsten Unfug zu vermeiden.[1]

Echtes Wissen scheint aber in der viel beschworenen Wissensgesellschaft, jedenfalls wenn es um Management geht, am wenigsten gefragt zu sein.

Geschichtlich haben charismatische Führer fast immer Katastrophen bewirkt – in allen Bereichen. Echte Führer brauchen kein Charisma. Sie führen durch Selbstdisziplin und durch Beispiel, nicht durch Slogans und Hurrageschrei. Nicht Charisma ist ihr Kapital, sondern Vertrauen.

Die Wirkung von Charisma auf die Menschen will ich nicht bestreiten. Aber gerade deshalb ist nicht entscheidend, ob wir geführt werden, sondern wohin. Wirkung von Führern ist wichtig, aber sie muß kontrolliert sein durch die Art der Ziele und durch Verantwortung.

Charismatische Führer sind gefährlich, weil sie sich nicht an Regeln halten. Sie sind unberechenbar; sie glauben, das Universum unter Kontrolle zu haben; sie verfolgen Utopien. Sie sind überzeugt, in allem recht zu haben, werden rigide und sind daher recht bald auf der falschen Spur. Sie sind keine Führer, sondern Verführer. Eine Leadership-

Theorie, die diesen Unterschied nicht zu erfassen vermag, ist nichts wert.

Einige hochwirksame Führer des 20. Jahrhunderts hatten überhaupt kein Charisma, wie etwa Dwight D. Eisenhower, George C. Marshall und Harry Truman in Amerika oder Konrad Adenauer und Kurt Schumacher in Deutschland. Und kaum jemand besaß im 19. Jahrhundert so wenig Charisma wie Florence Nightingale, Abraham Lincoln oder Henry Dunant. Alle sind erstrangige Kandidaten für echte Führerschaft, wenn auch auf ganz unterschiedlichen Gebieten.

Charisma, das kann leicht bewiesen werden, ist für echte Führung weder notwendig noch wünschenswert. Natürlich kann nicht ausgeschlossen werden, daß charismatische Persönlichkeiten gelegentlich auch gute Führer sein können; aber sie sind wegen ihrer Wirkung großen Gefahren und Versuchungen ausgesetzt. Sie sind immer ein Risiko.

Es mag schon stimmen, daß das 21. Jahrhundert, wie man so oft hört, fähige Führer brauchen wird. Nach den Desastern des 20. Jahrhunderts tut man aber gut daran, eine für Geschichte nicht völlig blinde Idee von Führung zuzulassen.

POTENTIAL

In dieselbe Kategorie wie »Talent«, und mit diesem häufig gleichbedeutend verwendet, fällt auch das Wort »Potential«, insbesondere in der beliebten Steigerungsform des »High Potential« für »vielversprechende Leute«. Mein Vorschlag ist, statt auf Potential auf Leistung zu achten und statt von »High Potential« von »Hochleistung« zu sprechen.

Das ist keineswegs dasselbe, wie man immer wieder meint. Potential ist eine Möglichkeit, ein Versprechen, nicht selten – wie sich häufig herausstellt – ein leeres Versprechen, etwas, worauf man *hoffen* kann. Dagegen ist Leistung etwas bereits Nachgewiesenes, etwas, worauf man *bauen* kann.

Es ist schlichtweg unmöglich, Potential zuverlässig zu beurteilen. Das einzige, was man zutreffend bestimmen kann, ist die Leistung, die jemand schon erbracht, und die Stärken, die er dabei unter Beweis gestellt hat. Alles andere ist Vermutung, Hoffnung, Projektion.

Es gibt keine brauchbaren Methoden, um Potential als solches zu erkennen. Wir können immer nur von schon erbrachten Leistungen auf zukünftige Leistungen schließen. Daher muß die bereits gezeigte Leistung im Zentrum der Aufmerksamkeit stehen und nicht ein ominöses Potential. Was man braucht, ist nicht eine Liste von »Potentials«, sondern eine Liste von »Leistern«, aus denen man auswählen kann, wenn Positionen zu besetzen sind.

In gut geführten Firmen verläßt man sich nicht auf Potentiale. Man kann das Wort als solches verwenden, aber man muß sehr genau darauf achten, was damit gemeint ist. Die einzige Grundlage für Potentialbeurteilungen sind reale Leistungstests und praktische Bewährungsproben.

Noch etwas weiteres ist wesentlich, ja entscheidend: Mit beiden Begriffen – Talent und Potential – ist verbunden, daß die Aufmerksamkeit ausschließlich auf die *Person* gelenkt wird, als ob in ihr die Voraussetzungen für Erfolg zu finden wären. Man übersieht, daß für Wirkung und Erfolg aber zwei Elemente wichtig sind. Das eine ist die Person mit ihren spezifischen Stärken; das andere ist aber die spezielle Aufgabe, die zu erfüllen ist. Man beachte, daß ich nicht von »Stelle« oder »Position« spreche, sondern von »Aufgabe« und noch präziser von »Auftrag« oder im Englischen von »Assignment«. Das ist etwas anderes als die Stelle; es ist die auf einer Stelle für die nächste überschaubare Zeit entscheidende Schlüsselpriorität.

Wenn man Menschen zu Leistung bringen will und Ergebnisse für das Unternehmen braucht, dann müssen die Stärken von Menschen mit den Aufgaben zur Deckung gebracht werden. Zugegeben, das ist nicht einfach. Doch ist es wesentlich leichter, Aufgaben zu verändern als Menschen. Durch die Fixierung auf den Menschen vergißt man fast durchweg das zweite Element, die Aufgabe. Die gut geführten Unternehmen legen den Schwerpunkt auf die Aufgaben. Damit erzielen sie durchschlagende Erfolge, und zwar mit ganz gewöhnlichen Leuten, denn auch sie haben keine Universalgenies als Mitarbeiter.

GLOBALISIERUNG

In die Liste der riskanten Wörter gehört alles, was mit »Globalisierung« zu tun hat. Das Risiko dieses und verwandter Wörter liegt darin, daß Führungskräfte durch sie leicht zu falschen Denkweisen und als Folge dessen zu falschen Strategien und Maßnahmen verleitet werden. Dabei spielt häufig Druck von außen eine Rolle: die Meinung der Medien, die Denkweise von Aktionären und der Zeitgeist.

Das Wort »Globalisierung« wird so oft verwendet, daß man meinen möchte, es sei klar und eindeutig. So ist es aber nicht. Globalisierung hat viele Bedeutungen, und daher kann jeder damit herumfuhrwerken, wie es ihm gefällt.

In jedem Unternehmen ist man gut beraten, zu durchdenken, in welchem Sinne man dieses Wort verwenden will. Schon der viel bescheidenere Begriff »Internationalisierung« ist alles andere als klar. In wie vielen Ländern muß ein Unternehmen mit wieviel Prozent seiner Geschäftstätigkeit vertreten sein, um von »international« sprechen zu können? Es gibt keine Kriterien dafür, und so kann sich jeder »international« nennen, der einen Briefkasten auf den Bahamas hat. Auch das Wort »multinational« hat wenig konkrete Bedeutung, außer daß es immer wieder als Schimpfwort für die großen Konzerne verwendet wurde.

Peter F. Drucker spricht seit Mitte der 1990er Jahre von »transnational«. Damit meint er jene Aspekte, die vom Nationalstaat und von nationalem Verständnis unabhängig sind. Für ihn sind vorläufig nur zwei Dinge wirklich transnational: Geld und Information.

Globalisierung bedeutet nicht, daß die ganze Welt ein »Dorf« wird, wie man das von Romantikern und Zukunftsdeutern hört. Es fehlen sämtliche Voraussetzungen dafür. Wie soll man sich ein Dorf aus über sechs Milliarden Menschen vorstellen? Sie bilden niemals ein Dorf, selbst wenn man das Wort in Anführungszeichen setzt. Wer einige der großen Städte der Welt besucht hat, weiß das und kann sich über die Auslassungen mancher Zeitgeistautoren höchstens wundern, die da vollmundig, aber offensichtlich kenntnislos vom globalen Dorf schwafeln.

Globalisierung bedeutet nicht, daß sich die Kulturen der Welt angleichen und einheitlich an der westlichen Denk- und Lebensweise orientieren müssen, die in sich schon keineswegs homogen ist. Vermutlich wird es sogar eher zu einer Akzentuierung der Unterschiede kommen.

Globalisierung bedeutet auch nicht, daß jedes Unternehmen oder seine Produkte in jedem Land der Welt vertreten sein müssen. Selbst unter den größten Firmen der Welt gibt es nur wenige, deren Produkte tatsächlich fast überall präsent sind; Coca Cola gehört wohl dazu. Die meisten Firmen sind in der Ausübung ihrer Geschäftstätigkeit aber nach wie vor und aus guten Gründen selektiv.

Erstens, daß man für die verschiedenen Dimensionen wirtschaftlicher Tätigkeit keinen Ort prinzipiell ausschließen kann. Das bedeutet, daß jede einzelne Stufe des Wirtschaftens – von der Entwicklung über die Beschaffung bis zum Verkauf – vom Grundsatz her an jedem Ort der Welt möglich ist.

Zweitens, daß man durch nationale Grenzen nicht mehr wirksam vor Konkurrenz geschützt werden kann. Ein Wiedererwachen des Protektionismus kann zwar nicht ausgeschlossen werden; meines Erachtens ist im Gegenteil sein Aufleben eher wahrscheinlich. Man sieht bei der amerikanischen Stahlindustrie, wozu in letzter Konsequenz rasch und ohne Skrupel gegriffen wird: zu Schutzzöllen. Dennoch wird es immer schwieriger, sich vor Konkurrenz wirksam zu schützen.

Drittens, daß man global beobachten muß, um nicht überrascht zu werden, was aber nicht bedeutet, daß man auch global handeln muß.

Der dritte Aspekt ist meines Erachtens für die Mehrheit der Unternehmen am wichtigsten. Es wird auch in ferner Zukunft längst nicht jedes Unternehmen global tätig sein müssen. Immer mehr, darunter auch die kleinen Unternehmen, müssen aber weltweit orientiert sein, damit sie nicht von Konkurrenten überrumpelt oder von Entwicklungen überrascht werden, die man übersehen hat, vor allem bezüglich der Beschaffungs- und Fertigungsmöglichkeiten. Das ist schwierig genug und ziemlich aufwendig.

Für jene Unternehmer, die im Sinne des ersten Punktes denken müssen, lohnt sich manchmal der Blick ins Geschichtsbuch, wenn einem gar so großspurig die Einzigartigkeit und Erstmaligkeit der heutigen Globalisierungstendenzen vorgetragen werden. Niemand brauchte einem oberitalienischen Handelsherren des 15. und 16. Jahrhunderts zu sagen, daß es da draußen eine Welt gibt. Venezianer und Florentiner machten in der Renaissance-Zeit weltumspannende Geschäfte. Von ihnen lernten es die Fugger und betrieben für rund 200 Jahre einen globalen Konzern. Sie hatten ihre »Faktoren« (die damalige Bezeichnung für Geschäftsführer) in allen bedeutenden Ländern und Städten der Welt, machten Geschäfte mit ganz Europa, beherrschten halb Südamerika – wohlgemerkt ohne Handy, Fax, E-Mail und Düsenflugzeug – und überlebten wirtschaftlich die Großkonkurse der gekrönten Habsburger-Häupter.

Der Jesuitenorden war als globale Handels- und Wissensorganisation rund um die Welt tätig, in Japan und China, in Indien und in Südamerika. Die Jesuiten waren dabei so erfolgreich, daß sie gefährlich wurden und der Orden deshalb in einigen Ländern verboten wurde.

Die Globalisierung ist älter als Satellitenfernsehen und Internet. Sie hatte ihre glanzvollen Epochen und ihre Rückschläge. Und man kann aus ihrer Geschichte als Führungskraft das vielleicht Wichtigste lernen: Augenmaß.

Zu den aktuellen Modewörtern gehören Team und Teamarbeit. Und wer besonders zeitgeistkonform sein will, stellt sie in einen polaren Gegensatz zur Einzelleistung, die alles verkörpert, was schlecht und »out« ist, während Teamarbeit gut und »in« ist. Teamarbeit ist seit einiger Zeit einer der am häufigsten verwendeten Begriffe im Management. Fast ausnahmslos ist das Wort positiv gemeint: Teams und Teamarbeit werden nicht nur als eine mögliche Form des Arbeitens angesehen, sondern als einzig wünschenswerte. Teams gelten grundsätzlich und generell als dem einzelnen überlegen. Das Team wird per se als effizient, kreativ und erfolgreich angesehen. Das klingt alles gut. Leider gibt es aber für die Richtigkeit dieser These nicht den geringsten Beweis.

Nicht, daß Teamarbeit nicht gebraucht würde. Das war schon immer so. Was ist daran so neu, daß es besonderer Betonung bedarf, und was ist daran so schwierig, daß es besonders zu lernen und zu üben ist? Und wie läßt sich der damit verbundene Dogmatismus begründen, der darin die einzige Form brauchbaren Arbeitens zu erblicken meint?

Was ist an Teamarbeit so schwierig?

Seit es Menschen gibt, gehört Zusammenarbeit zu den Selbstverständlichkeiten des täglichen Lebens. Was heute Team genannt wird, ist die Grundform jeglichen Sozialgebildes schlechthin. Es ist geradezu das konstitutive Element des Sozialen, nämlich die Kooperation von Menschen in unterschiedlichen Variationen zur Bewältigung des Lebens, seien es die verschiedenen Formen der Familie, das prähistorische Jagdrudel, die Stammesgemeinschaft, die bäuerliche Hofgemeinschaft, der Handwerksbetrieb, die Dorfgemeinschaft. Niemand hätte ohne Kooperation überleben können; Robinson gibt es nur im Roman.

Aus diesem Grunde war es auch für niemanden ein Problem, im und als Team mit anderen zusammenzuarbeiten. Das mußte weder gelernt noch gelehrt werden. Das Leben als solches spielte sich im Team ab; Leben war Teamarbeit. Daher ist Teamarbeit und das, was neuerdings als soziale Kompetenz bezeichnet wird, auch den Historikern keinerlei Erwähnung wert. Ich bin noch nie auf Passagen gestoßen wie: »... und dann erfanden die Assyrer das Team ...«.

Was also sind die Änderungen, die es notwendig zu machen scheinen, daß die banalste Selbstverständlichkeit der letzten Jahrtausende plötzlich als so wichtig und vor allem als so schwierig erscheint, daß man sie besonders lernen muß und daß sie als Kriterium für Karriere, ja für berufliche Brauchbarkeit schlechthin angesehen wird? Sind die Menschen plötzlich soziale Analphabeten und kommunikative Kretins geworden? Oder haben wir eine Überzahl an Autisten?

Kaum! Vielleicht haben wir heute, als Folge gewisser ideologisch motivierter Schulversuche, eine etwas größere Zahl von Leuten in den Organisationen, die nicht gelernt haben, etwas allein zu Ende zu bringen, weil sie sich zu oft in einer Lern- oder Erfahrungsgruppe verstecken konnten. Vielleicht haben wir auch etwas mehr von denen, die in der Schule den Unterschied zwischen Erfolg und Mißerfolg nicht deutlich verspürt haben, weil sie nie richtig beurteilt wurden und daher ein bloßes Durchkommen schon als besondere Leistung betrachteten. Gewisse pädagogische Fehlentwicklungen haben Spuren hinterlassen, und Menschen, die dadurch geschädigt wurden, müssen heute mühsam dazulernen. Aber sie bilden eine Minderheit.

Was allerdings zugenommen hat, sind unsinnige Organisationsformen und nicht praktikable Formen der Arbeitsteilung, die fast jedes produktive Arbeiten verhindern oder jedenfalls erschweren. Wer zum Beispiel in einer – meistens viel zu schnell, unüberlegt eingeführten und nicht zu Ende gedachten – Matrixorganisation zu arbeiten hat, muß ein solches Übermaß an Teamfähigkeit haben, wie es nur selten anzutreffen ist und in der Regel auch durch noch so viel Ausbildung nicht geschaffen werden kann. Es ist daher viel besser, effektiver und wirtschaftlicher, die Organisation zu ändern.

Organisation hat nicht den Zweck, Arbeit für den Menschen schwierig zu machen. Sie soll es, im Gegenteil, leicht machen zu arbeiten. Wenn man Menschen nicht leistungsbehindernde Organisationen zumutet, wird man schnell feststellen, daß die meisten ohne größere Probleme recht gut zusammenarbeiten können, eben weil das zu den ganz normalen Fähigkeiten gewöhnlicher Leute zählt, und gar keine besonderen Notwendigkeiten bestehen, Teamarbeit zu trainieren.

Niemand käme auf die unsinnige Idee zu verlangen, daß Menschen im Team Auto fahren, ein Musikinstrument oder Schach spielen sollen. Man weiß, daß Aufgaben dieser Art mit Aussicht auf Erfolg und Effizienz, gar Brillanz, nur von Einzelpersonen erfüllt werden können und auch noch so viel Teamtraining nicht einmal zu mittelmäßigen Leistungen führen würde. Daß die Aufführung einer Symphonie Teamarbeit erfordert, ist klar und muß keinem Musiker besonders gesagt werden. Daraus folgt aber nicht, daß die Trompete von einem Team geblasen wird. Selbst das schwierigste und anspruchsvollste Instrument, die Orgel, ist aus gutem Grunde so gebaut, daß sie von einem Organisten allein gespielt werden kann.

Gestaltete man im Management mit derselben Sorgfalt die Stellen und Aufgaben, wie die guten Komponisten die einzelnen Stimmen einer Symphonie anlegen, wäre Teamarbeit kein Thema, oder präziser: Man dürfte sich darauf verlassen, daß gewöhnliche Menschen die Fähigkeiten selbstverständlich schon mitbringen, die sie brauchen, um zusammenzuarbeiten. Teamarbeit wäre kein Problem.

Auch mit noch so viel Ausbildung wird man aber das Gegenteil nicht schaffen: nämlich die Fehler in der Aufgaben- und Stellengestaltung und in der Organisation durch Teamtraining zu kompensieren.

Und die wirklich große Leistung?

Was Menschen also können müssen, um zusammenzuarbeiten, darf unter vernünftig gestalteten Bedingungen weitgehend vorausgesetzt werden. Wie sieht es aber mit der herausragenden Leistung aus? Ist nicht die echte Spitzenleistung, der große kreative Wurf, Sache des Teams, und würde dort noch immer die gewöhnliche Teamfähigkeit gewöhnlicher Menschen genügen? Oder muß nicht hier nun die besondere Ausbildung ansetzen?

Dieser Gedanke ist faszinierend genug, um seine Gültigkeit zu prüfen. Ob man das Ergebnis als überraschend ansieht oder nicht, hängt davon ab, wie sehr man sich mit dem Wirken und den Leistungen sogenannter »großer« Menschen befaßt hat.

Praktisch alle großen Leistungen, vor allem das, was man Durchbrüche zu nennen pflegt, waren die Leistungen einzelner Menschen, manchmal mit Unterstützung von anderen, aber so gut wie nie von Teams. Das gilt für sämtliche Kunstrichtungen: Weder gibt es in der Musik Teamkompositionen noch Werke der Weltliteratur, die in Teams entstanden wären; weder ist Teammalerei bekannt noch haben die großen Bildhauer im Team gearbeitet.[2]

Im Gegensatz zu einer weitverbreiteten Meinung gilt das auch in so hohem Maße für die Wissenschaft, daß man es ernst nehmen sollte. Die bedeutenden Werke der Philosophie, der Mathematik, der Natur- und der Geisteswissenschaften sind, von wenigen Ausnahmefällen abgesehen, von einzelnen geschaffen worden. Das wird zwar durch bestimmte Zitierweisen und Gepflogenheiten der Nobelpreisverleihung gelegentlich verschleiert, läßt sich aber in genügend Fällen nachweisen.

Teams sind Werkzeuge, genauso wie die Einzelarbeit. Weder darf man eine dieser Arbeitsformen ausklammern noch darf man sie heroisieren. Wie man zu arbeiten hat, welches die optimale Form ist, muß von der Aufgabe bestimmt werden und nicht von Dogmen.

Aufgaben müssen in der Welt der Organisationen so gestaltet werden, daß sie von gewöhnlichen Menschen (weil es andere nicht gibt), die gewöhnliche Fähigkeiten haben (weil andere nicht erlernbar sind), erfüllt werden können.

Unternehmen, die Ergebnisse erzielen wollen, müssen beides beherrschen: Teamarbeit und Einzelleistung. Wer Karriere machen will, oder vielleicht besser: nachhaltig Leistung erbringen will, und wer als Führungskraft auf das Vertrauen und die Achtung anderer Menschen angewiesen ist, muß es sich versagen, mit Schlagwörtern zu operieren und auf Modewellen hereinzufallen.

In zahlreichen Unternehmen wird von den Mitarbeitern verlangt, daß sie sich identifizieren sollen: mit der Firma, den Produkten, mit ihrer Arbeit, mit der Vision des Unternehmens. Das klingt plausibel. In weiten Kreisen gilt es als Ausdruck einer besonders zeitgemäßen Unternehmenskultur.

Ich halte das für falsch und bin der Meinung, daß Identifikation weder nötig noch wünschenswert ist. Diese gegen die Mode stehende Meinung schafft Gegnerschaft; ich glaube gute Gründe für diese Auffassung zu haben.

Psychologischer Fachausdruck oder schlampige Sprache?

Wird das Thema intensiv genug diskutiert, stellt sich häufig heraus, daß zum Glück gar nicht Identifikation im Sinne des psychologischen Fachbegriffes gemeint ist. Man meint mit diesem Ausdruck vielmehr, daß die Mitarbeiter das Unternehmen, seine Tätigkeit und seine Produkte *akzeptieren* und sich dafür engagieren sollen.

Damit bin ich einverstanden. In der Tat muß man das erwarten können und dann folgerichtig viel dafür tun, daß die Mitarbeiter dazu auch imstande sind.

Haben wir hier also kein wirkliches Problem, sondern lediglich einen schlampigen oder unüberlegten Umgang mit der Sprache? Solange das keinen Schaden anrichtet, kann man damit leben. Meint man aber mit »Identifikation« wirklich etwas, was zumindest in der Nähe des psychologischen Fachausdruckes liegt, dann bewegt man sich auf einem gefährlichen Pfad.

Im psychologischen Sinne bedeutet Identifikation: »Emotionales Sichgleichsetzen mit einer anderen Person oder Gruppe und Übernahme ihrer Motive und Ideale in das eigene Ich.«[3] Will man das? Darf und soll man das wollen?

Was bedeutet es vor diesem Hintergrund, wenn zum Beispiel gefordert wird, man solle sich mit den Produkten eines Unternehmens identifizieren? Neunzig Prozent unseres Sozialproduktes bestehen aus banalen Dingen: Nahrungsmittel, Getränke, Bekleidung, Unterhaltungselektronik, Gaspedale, Schlauchklemmen. Wie krank muß ein Mensch sein, um sich im strengen Sinne der Psychologie mit Mineralwasser, Streichkäse, Leberwurst, Kreditkarten oder MP3-Playern identifizieren zu können?

Genügt es nicht, daß eine Person als Mitarbeiter das Produkt akzeptiert und sich für dessen Entwicklung, den Absatz oder die Vermarktung engagiert? Die Mitarbeiter müssen, so viel ist einzuräumen, vom Produkt überzeugt sein, sonst können sie es nicht glaubhaft verkaufen. Überzeugt sein von etwas ist aber etwas ganz anderes, als sich damit zu identifizieren.

Wann identifizieren sich die Menschen mit etwas oder mit jemandem? Ich weiß nicht, wie es dem Leser gegangen ist; ich selbst habe mich identifiziert – als ich zwischen 12 und 16 war – mit den Idolen meiner Zeit: mit den Pionieren der Rockmusik, mit James Dean, John F. Kennedy, Fritz Walter und als leidenschaftlicher Skifahrer mit den Rennläufern. Ich hatte ihre Fotos in meinem Zimmer aufgehängt und für ein Autogramm wäre ich um die Welt gegangen.

Die Jugendlichen von heute identifizieren sich mit den Idolen ihrer Zeit. Mit 16 ist das normal und gesund. Wenn sich Menschen aber mit 36 noch immer mit Idolen und Heroen identifizieren, lebensgroße Poster aufhängen und Autogramme sammeln, dann ist das bedenklich und möglicherweise pathologisch. Was in der Pubertät ein Symptom für normale Entwicklung ist, ist zehn oder zwanzig Jahre später das Gegenteil.

Kein Zusammenhang mit Leistung

Warum eigentlich sollen die Menschen sich mit etwas im Unternehmen oder diesem selbst identifizieren? In der Literatur zu diesem Thema gibt es keinen überzeugenden Hinweis darauf, daß Identifikation mit besserer Leistung zu tun hat oder mit etwas, was für das Unternehmen wichtig wäre.[4]

Führungskräfte sollen Menschen zu einer für das Unternehmen wichtigen Leistung befähigen und sie dann diese Leistung möglichst ungestört erbringen lassen. Mehr ist nicht nötig. Wir bezahlen die Leistung und nicht den Grund, das Motiv oder die Gefühle, die mit dieser Leistung verbunden sind. Wir könnten das auch gar nicht tun, selbst wenn wir wollten, weil wir diese nicht kennen.

Ich bestreite nicht, daß es Gründe und Motive gibt, die sich positiv auf die Leistung und ihre Qualität auswirken. Aber Identifikation gehört nicht dazu. Viel wichtiger und in ihrer Wirkung auch nachhaltiger als der arg strapazierte Begriff »Identifikation« sind andere Begriffe wie Pflichtbewußtsein, Verantwortung, Einsatz, Gewissenhaftigkeit und Sorgfalt.

Am wichtigsten ist es, den Menschen die Möglichkeit zu geben, in dem, was sie tun, einen Sinn zu sehen. Wie Viktor Frankl, der in Managerkreisen leider weit weniger bekannt ist als die Identifikationsapostel, immer wieder mit Nietzsche gesagt hat: »Wer ein Warum zu leben hat, erträgt fast jedes Wie ...« Und er legt überzeugend dar, daß für Menschen, die kein Warum, keinen Sinn mehr sehen, auch ein noch so schönes Wie gleichgültig wird.

Die Anstrengungen der guten, der wirksamen Führungskräfte sind darauf gerichtet, dem Menschen eine Aufgabe zu geben, deren Sinn er klar und deutlich zu erkennen vermag – eine Aufgabe, die für ihn Sinn hat. Sinn (in der Bedeutung von Viktor Frankl) ist der entscheidende, nachhaltigste und wirksamste Motivator, und alles andere ist, daran gemessen, weit weniger wichtig.[5]

Verlust an Objektivität

Ein letzter und in Zusammenhang mit Führung der wichtigste Gedanke: Identifikation im Sinne der Psychologie ist in der Regel verbunden mit dem Verlust der Fähigkeit, kritisch zu denken und überlegt zu urteilen. Wer sich mit etwas oder mit jemandem identifiziert, verliert die Distanz zu seinem Identifikationsobjekt. Damit verliert er die wichtigste Voraussetzung für ein objektives Urteilsvermögen.

Gerade das sollten wir aber, auch wenn es schwierig ist, von Führungskräften verlangen: genügend Abstand, um klar zu denken und überlegt urteilen zu können. Letzte und absolute Objektivität gibt es nicht; aber wir können Bedingungen schaffen, die mehr oder weniger Objektivität ermöglichen.

Ich möchte als Geschäftsführer Kollegen und Mitarbeiter um mich haben, die in der Lage sind zu sagen: » Hier läuft nicht mehr alles richtig; wir müssen einiges ändern ....«.

Wer sich identifiziert, kann das aber nicht. Er wird zum Ja-Sager; er ist dann als Mitarbeiter bequem und einfach zu führen, aber er ist keine Hilfe mehr. Er ist mit allem einverstanden und vielleicht sogar begeistert; aber er ist keine Führungskraft, und in Wahrheit ist er gefährlich.

Neben »Gewinn« ist der zweithäufigste Begriff im Management »Wachstum«. Er ist gefährlich, solange man nicht zwischen richtigem und falschem und zwischen gesundem und krankem Wachstum unterscheidet.

Die meisten Unternehmensstrategien des Neunziger-Booms waren radikal falsch. Man kann die Tatsachen nicht beschönigen. Die von Beratern und Managern imposant präsentierten Strategien waren der Weg ins Desaster. Rückzug an allen Fronten, Kapazitätsabbau, Entlassungen, Bilanzfälschungen, Betrügereien und exzessive Bereicherung zu Lasten von Firmen und Aktionären, mancherorts drohende Illiquidität und Bankrott sind die Folgen.

Obwohl sich das Debakel vor aller Augen vollzieht, ist das Denken vieler Manager davon noch nicht berührt, darunter auch von solchen, die als Nachfolger der früheren Versager täglich mit den Scherbenhaufen konfrontiert sind. Sie operieren weiter mit denselben falschen Kategorien. Nach den wichtigsten strategischen Zielen gefragt, antworten sie reflexartig: Gewinn und Wachstum.

Wachstum, obwohl unbestritten ein wichtiger unternehmerischer Faktor, ist als strategische Vorgabe falsch und gefährlich. Damit wird ein Unternehmen unweigerlich in den Mißerfolg geführt. Wachstum darf nicht Input für die Strategie sein, sondern es ist ihr Output. Es darf nicht als Vorgabe an den Anfang gestellt werden, sondern es ist das *Ergebnis* des gründlichen Durchdenkens des Geschäftes und seiner inneren Gesetzmäßigkeiten. Solange das in den Köpfen der Führungskräfte und der Aufsichtsorgane nicht kompromißlos verankert ist, wird es nur vorübergehende Besserungen geben, und man wird immer wieder dieselben Fehler machen.

Die hohe Schule der Strategieplanung zeigt sich erst, wenn zwischen krankem und gesundem Wachstum unterschieden wird. Wenn ein Zwölfjähriger jedes Jahr ein paar Zentimeter wächst, ist er gesund; wenn ein Fünfzigjähriger das auch tut, ist er krank. Größe als solche darf nie ein strategisches Ziel sein. Ein Unternehmen muß nicht groß sein, sondern stark. Es gibt keine denkbare Konstellation, in der die Größe eines Unternehmens strategisch wichtig ist. Wer sich an Größe orientiert, erliegt einer optischen Illusion und kann, bildhaft gesprochen, zwischen Muskeln und Fett nicht unterscheiden. Die Irreführung entsteht daraus, daß richtige Strategien zwar fast immer zu Wachstum und letztlich Größe führen, während die Umkehrung des Satzes aber nicht gilt. Größe kann auch die Folge falscher Strategien sein.

Größe wird in Umsatzkategorien gemessen und, heute seltener, in Mitarbeiterzahlen. Umsätze kann man, wie die jüngste Vergangenheit zeigt, relativ schnell und leicht vergrößern, wenn man es zuläßt, daß es auf die falsche Weise geschieht: durch leichtfertige geographische Ausdehnung, Expansion des Sortiments, durch falsche Akquisitionen und

Fusionen. Die Folge sind ausnahmslos steigende Komplexität und Rückgang der Ertragskraft. Die absoluten Zahlen steigen, und weil diese sichtbar sind, werden sie als Erfolgsausweis gewertet. Die Relationen hingegen verschlechtern sich, aber weil diese nicht sichtbar sind oder verschleiert werden, bleiben sie unbeachtet.

Es gibt nur zwei Meßgrößen, mit denen gesundes von krankem Wachstum zuverlässig unterschieden werden kann.

Der erste Faktor ist die *Marktstellung:* Größe und Wachstum sind nur dann gesund, wenn sie eine Folge der Verbesserung der Marktstellung sind. Umgekehrt führen Wachstum und Größe für sich aber keineswegs zur Stärkung der Marktposition.

Der zweite, viel wichtigere Indikator ist die *Produktivität.* Nur in den besten Unternehmen gibt es dafür ein entwickeltes Instrumentarium. Nach wie vor wird die Produktivität vernachlässigt, falsch definiert und falsch gemessen. Sie ist, als »Total Factor Productivity« definiert, der einzige zuverlässige Wegweiser für die Beurteilung von Wachstum.

Nur wenn mit dem Wachstum der Umsätze auch die Gesamtproduktivität steigt, ist es gesundes Wachstum, das, im medizinischen Bild, zu Muskelkraft und Stärke führt. Stagniert hingegen die Gesamtproduktivität eines wachsenden Unternehmens, dann ist es auf dem Weg zur Fettleibigkeit. Damit kann man bis zu einem gewissen Grade leben. Wenn die Gesamtproduktivität bei Wachstum aber zurückgeht, dann hat das Unternehmen Krebs. Tumore wachsen schnell – bis der Patient tot ist. Nur in einem sehr frühem Stadium kann das, manchmal, noch korrigiert werden.

Eines der beliebtesten, aber gefährlichsten Modewörter der letzten Jahre ist Vision. Zum Teil hat es sich als schlechte Übersetzung aus dem Englischen eingebürgert. Ich schlage vor, das Wort in einem Unternehmen nicht zu verwenden. Es richtet weit häufiger Schaden an, als es nützlich ist.

Der größte Teil der jüngeren Unternehmensdebakel im Banken- und Versicherungsbereich, im Telekommunikations- und Mediensektor ist fast ausschließlich darauf zurückzuführen, daß man den Begriff »Vision« grassieren ließ. Dazu gehören auch die meisten Start-ups der Börsenboom-Jahre, die außer Visionen nichts zu bieten hatten. Aber eben das beeindruckte die Leute.

Was ist gut an diesem Wort, und was ist gefährlich? Ich bestreite nicht, daß Führungskräfte fähig sein müssen, sich eine Vorstellung über zukünftige Entwicklungen zu machen, daß sie über den »Tellerrand« des heutigen Geschäftes zu blicken haben, Weitsicht und Vorstellungskraft haben müssen. Das war immer so, besonders bei jenen Personen, die man als »Leader« zu bezeichnen neigt.

Sie sind aber ohne das Wort »Vision« ausgekommen. Wir finden es weder bei Churchill noch bei Napoleon, nicht bei Mahatma Ghandi und nicht bei Friedrich dem Großen. Auch bei den großen Unternehmensgründern und Industriemagnaten wie Alfred Krupp, August Thyssen,

 J. P. Morgan, Henry Ford und Werner von Siemens wird man es vergeblich suchen. Vielleicht haben sie den Begriff beiläufig verwendet; sicher aber war er kein maßgeblicher Bestandteil ihres Denkens über ihre Zukunftspläne.

Im Duden stand bis Anfang der 1990er Jahre unter der Eintragung »Vision« schlicht »Gesichts- oder Sinnestäuschung«, »optische Halluzination« und »übernatürliche Erscheinung als religiöse Erfahrung«. Und genau das waren für Hunderte von Jahren die Bedeutungen dieses Wortes. Erst danach wurde hinzugefügt: »jemandes Vorstellung, besonders in bezug auf die Zukunft entworfenes Bild«.

Die im Management verwendete Bedeutung ist sprachlich also jung. Sie hat der Professionalität von Management nicht gedient, denn man wird kaum behaupten wollen, die Managementleistungen der letzten zehn Jahre würden über die der Gründerpioniere hinausgehen. Das Gegenteil trifft zu: Sie kommen an diese nicht einmal näherungsweise heran.

Unter dem hochtrabenden Begriff der »Vision« sind durchweg nur Luftschlösser und Kartenhäuser enstanden, die beim geringsten wirtschaftlichen »Wind« zusammengebrochen sind. So gesehen, könnte man sogar von einem »gut gewählten« Begriff sprechen. Allerdings hatten jene, die den Begriff aufbrachten und verwendeten, dies so natürlich nicht im Sinn.

Es geht nicht um bloße Semantik und schon gar nicht um Wortklauberei. Das Problem ist viel ernster. Die Visionsmode hat einigen Persönlichkeitstypen Aufmerksamkeit und Anerkennung verschafft, die früher keine Chance in einem gut geführten Unternehmen gehabt hätten: dem Bluffer und Angeber, dem Träumer und dem Scharlatan. Mit dem Hinweis darauf, wie wichtig Visionen seien, und unter Verweis auf eine bestimmte Art von Managementliteratur, konnte man auch grobem Unfug einen Anstrich von Legitimität und Wichtigkeit geben. Und noch schlimmer: Die Bluffer konnten sich jeder kritischen Diskussion dadurch entziehen, daß sie die Skeptiker und Kritiker herabsetzten und ihnen Mangel an Visionen vorwarfen. Rhetorik und Denunziation konnten an die Stelle einer der Sache dienlichen Diskussion treten.

Der entscheidende Mangel ist das Fehlen der Unterscheidung von guten und schlechten Visionen. In der gesamten umfangreichen Visionsliteratur findet sich kein Hinweis darauf, wie man das eine vom anderen unterscheidet, wie man tragfähige Vorstellungen von Unfug trennt, worin der Unterschied zwischen Hirngespinsten und brauchbaren Ideen liegen könnte.

Nicht nur findet man keine Kriterien, es wird nicht einmal das Problem diskutiert. Als ich eine der emsigsten Autorinnen von Visionsbüchern einmal fragte, wie sie denn glaube, die Spreu vom Weizen trennen zu können, konnte sie zwar keine Antwort geben, war dafür jedoch empört. Empörung anstelle von Sachverstand muß man gelegentlich hinnehmen und höflich dazu schweigen, aber damit wird kein Problem gelöst. Und während einer Diskussion, in der ich den Professor einer angesehenen Universität nach einer Definition fragte, antwortete dieser bereitwillig: »A vision is a dream with a deadline«. Das ist allemal gut für einen imposanten Anfang eines Vortrages, aber es ist gänzlich unbrauchbar für seriöse Arbeit. Jeder Traum hat ein Ende, zum Glück auch jeder Albtraum ...

Ich ziehe aus diesem Grunde gehaltvollere und bodenständigere Begriffe vor. Zum Beispiel Leitbild, unternehmenspolitisches Ziel oder auch Strategieentwurf. Ich weiß, daß sie alle ihre Nachteile und Unschärfen haben. Wer aber eine solide Ausbildung in Management hat und die richtige Literatur auf diesem Gebiet kennt, weiß genau, was darunter zu verstehen ist. Er orientiert sich an Inhalt, an Substanz und nicht an semantischer Verpackung. Die Bluffer und Scharlatane können hier nicht lange mithalten.

Vorstellungskraft und kühne Ideen sind durchaus ein Element guter Führung. Es muß aber klar zwischen guten und schlechten, brauchbaren und unbrauchbaren Ideen unterschieden werden. Die Exzesse der letzten Jahre sollten Beispiel genug sein.

Aufgrund massiver Mißverständnisse über das Wirtschaften ist eine schwerwiegende Konfusion entstanden. Die Promotions-Maschinerien der Wallstreet-Industrie haben den Investor »erfunden« und der Welt weisgemacht, er sei ein Unternehmer, gar der Prototyp des neuen, modernen Unternehmers. Was früher bestenfalls als Anleger bezeichnet worden wäre, weit häufiger aber als Spekulant, sollte plötzlich als Maßstab und Richtschnur des unternehmerischen Handelns gelten. Das ist eine der entscheidenden Ursachen der Fehlentwicklung der Wirtschaft in den 1990er Jahren.

Jeder Unternehmer ist ein Investor! Aber: Ist jeder Investor auch ein Unternehmer? Durch die Entwicklung an den Börsen und auf den Finanzmärkten wird eine wichtige Unterscheidung in der Wahrnehmung der Öffentlichkeit zunehmend verwischt: der Unterschied zwischen dem *Unternehmer*-Aktionär und dem *Investor*-Aktionär. Eigentum an einem Unternehmen und Eigentum an Aktien wird zwar durch dasselbe Papier verbrieft, und juristisch mag es keine Unterschiede geben. Wirtschaftlich und gesellschaftlich könnten die Unterschiede aber gar nicht größer sein.

Man glaubt, eine neue Form des Kapitalismus erfunden zu haben. Die einen beklagen sie; von den meisten wird sie begrüßt. Wie auch immer man dazu stehen mag – bisher wurde erst die Hälfte der Wahrheit beachtet, und es war auch nur diese wichtig. Nun sind wir schon seit längerem damit befaßt, auch die zweite Hälfte zur Kenntnis nehmen zu müssen – in Japan ist es schon lange so weit. Es ist die alte Erfahrung aller Großkapitalisten aller Epochen: »If you can't sell, you have to care...!« Der Investor operiert auf Zeit; er ist an seinen Papieren interessiert, so lange sie rentieren. Unternehmerische Tätigkeit ist aber prinzipiell auf Dauer angelegt.

Der Investor-Aktionär gibt bei Schwierigkeiten auf – »he sells«. Und wenn er klug ist, dann legt er seine Investitionen so an, daß er sich möglichst schnell wieder von ihnen trennen kann, zum Beispiel dadurch, daß er sich nur in sehr liquiden Märkten engagiert, wo er auch große Volumen problemlos verkaufen kann. Der Unternehmer-Aktionär reagiert bei Schwierigkeiten ganz anders: er kämpft – »he cares«. Aus welchen Gründen er das tut, ist zweitrangig; wichtig ist, daß er es tut.

Der eine kämpft, weil er gar nicht verkaufen kann. Für den anderen ist sein Unternehmen mehr und etwas anderes als nur eine Geldmaschine, es ist sein Lebenswerk und oft das von Generationen. Ein dritter kämpft vielleicht, weil er nie mehr in die Abhängigkeit eines Arbeitsverhältnisses geraten will. Wie auch immer, er kämpft, nicht weil er ein Held ist, sondern weil ihm gar nichts anderes übrig bleibt. Die Alternative ist nämlich der wirtschaftliche Untergang.

Der Investor ist an *einer* Ressource interessiert: an Geld, und diese maximiert er. Die unternehmerische Aufgabe ist aber zwangsläufig auf mehrere Ressourcen gerichtet, sie ist so definiert, nämlich als die Kombination von Ressourcen, und diese muß balanciert werden – möglichst kreativ, möglichst produktiv.

Der Investor-Aktionär ist nur am finanzwirtschaftlichen Ertrag interessiert. Etwas anderes braucht ihn gar nicht zu beschäftigen oder lediglich als Indikator, welche Papiere er kaufen soll. Dem Unternehmer-Aktionär ist der Finanzertrag nicht gleichgültig; er muß aber zwangsläufig an der Leistung und Leistungsfähigkeit des Gesamtunternehmens interessiert sein, also aller leistungserforderlichen Faktoren, auch wenn ihm das nicht immer paßt und nicht immer leicht fällt. Er hat keine andere Wahl.

Für den Investor ist die Börse unabdingbar. Wenn es sie nicht gäbe, könnte er seine Investorziele nicht verfolgen und schon gar nicht erreichen. Er müßte zum Unternehmer mutieren. Der Unternehmer aber braucht keine Börse. Unternehmer gibt es auch ohne Börsen – so wichtig diese in vielerlei Hinsicht sind. Es gab Unternehmer lange, bevor es Börsen gab, ja lange bevor es Banken gab, und es gab sie auch dann, als Börsen und Banken zusammenbrachen und temporär geschlossen wurden. Im Gegensatz zur weitverbreiteten Meinung ist die Börse keineswegs nur ein System zur Kapitalbeschaffung. Sie ist ebenso häufig ein System zur Kapitalvernichtung. Und in Wahrheit ist sie ein System zu Kapitalbewertung, was keineswegs bedeutet, daß sie richtig bewertet.

48 Der Investor, insbesondere jener des Shareholder-Value-Typs, tritt nur in Bull-Markets auf. Nur dann kann er die Illusion verbreiten, Werte zu schaffen. In einem Bear-Market dreht sich die Sache um: der Investor vernichtet, aktiv, Werte und Kapital, weil er nur auf der Shortseite Gewinn erzielen kann. Je tiefer die Werte fallen, um so mehr Freude kann er an den Leerverkäufen und Verkaufsoptionen haben. Der Unternehmer ist ein wirtschaftlicher Allwettertyp. Er muß unabhängig von der Börse arbeiten. Und er schafft gerade dann Werte, wenn die Preise am niedrigsten sind und kein Investor kaufen will.

Die Leitvorstellungen der neunziger Jahre, Shareholder und Shareholder-Value, haben bereits deutlich an Überzeugungskraft eingebüßt. Langsam macht sich der Verdacht breit, daß es genau diese Vorstellungen und darauf gestützte Unternehmensführung, Unternehmensbeurteilung und Unternehmensbewertung gewesen sein könnten, die zu den verschiedenen Blasen und ihren desaströsen Folgen führten.

Statt aber eine Denkpause einzulegen und die Sache von Grund auf neu zu durchdenken, wird flugs die nächste Irreführung, der nächste Fehler produziert. Statt Shareholder haben wir nun »Stakeholder«.

Es sei schon richtig, so lautet die Argumentation, daß ein Unternehmen nicht allein im Interesse einer einzigen Interessengruppe, eben der Shareholder, geführt werden soll, man müsse mehrere Interessengruppen berücksichtigen, alle Stakeholder. Mit diesem Wort sind gleich mehrere gefährliche Irrtümer verbunden.

Stakeholder-Orientierung führt zu schlechter Unternehmensführung

Der Stakeholder-Begriff führt in keiner Weise zu einer wirksamen Reform des Shareholder-Value-Denkens. Im Gegenteil kommt es damit zu noch gravierenderen Fehlern in der Unternehmensführung als durch die Shareholder-Orientierung.

 Der Stakeholder-Ansatz ist geschichtlich der Vorläufer des Shareholder-Ansatzes. Er wurde 1952 bei General Electric vom damaligen CEO, Ralph Cordiner, als Antwort auf die Frage gegeben: Wem ist das Topmanagement einer Publikumsgesellschaft Rechenschaft schuldig?

So wichtig und richtig die Frage war, so falsch war die Antwort, die Cordiner in Form des von ihm empfohlenen Stakeholder-Ansatzes gegeben hat. Der »Stakeholder-Approach« ist gescheitert, und aus seinem Scheitern ist der vermeintlich bessere Shareholder-Ansatz überhaupt erst entstanden. Sein Erfinder, Alfred Rappaport, glaubte, damit einem faulen Management »Beine machen« zu können.

Niedrige Renditen sollten nicht mehr dadurch begründet werden können, daß man die Interessen aller Stakeholder zu berücksichtigen habe und nicht nur jene einer einzigen Gruppe, eben der Aktionäre. Rappaport und andere erkannten richtig, daß ein Management, das allen Interessengruppen verantwortlich zu sein hat oder dieses vorgibt, es daher allen recht machen muß oder will, in Wahrheit keine Verantwortung mehr hat. Man konnte sich immer herausreden, dieses oder jenes Interesse berücksichtigen zu müssen, gerade wie es einem paßte. Einmal mußten die Interessen der Mitarbeiter und der Gewerkschaften befriedigt werden, dann jene von Lieferanten, jene der Öffentlichkeit, der Wissenschaft, der Politik etc. Schlechte Unternehmensleistung fand immer eine gute Begründung.

Es war nicht so, daß der Stakeholder-Ansatz gute Führungsleistung unmöglich gemacht hätte. Es gab auch in der damaligen Zeit ausgezeichnet geführte Firmen. Gerade General Electric gehörte in diese Kategorie. Einem schlechten Management gab der Stakeholder-Ansatz aber die Möglichkeit, sich immer mit plausiblen und im Kontext dieses Ansatzes unanfechtbaren Gründen aus der Verantwortung zu stehlen.

Eine Theorie der Unternehmensführung, die Interessengruppen ins Zentrum stellt, gleichgültig wie diese definiert sind und wie viele es davon gibt, macht das Unternehmen unvermeidbar zum Spielball wechselnder Machtverhältnisse eben dieser Interessengruppen. Damit kann es keine brauchbaren Maßstäbe mehr für die Führungsleistung geben. Die Folgen sind verheerend, wie die geschichtlichen Beispiele bestätigen. Man denke nur an die nach dem Zweiten Weltkrieg drei Jahrzehnte lang von den Gewerkschaften unterjochte britische Industrie, die daran fast zugrunde gegangen wäre; an die in derselben Zeit im Korruptionssumpf der italienischen Politik gefangenen Firmen; oder an den Niedergang der verstaatlichten Industrie in Österreich in den 1970er und 1980er Jahren.

Rappaports vermeintliche Verbesserung war aber in Wahrheit eine Verschlimmbesserung. Das zeigt sich an den Exzessen und Debakeln der 1990er Jahre. Es gibt nur eine einzige Möglichkeit, ein Unternehmen gut zu führen: Das Unternehmen selbst muß ins Zentrum gestellt werden. Damit hat sich das Management an der Leistungs- und Wettbewerbsfähigkeit des Unternehmens zu orientieren. Dafür haben wir ausreichend klare Maßstäbe, an denen das Handeln des Topmanagements zu orientieren und zu beurteilen ist.

Was gut für das Unternehmen ist, ist zwar nicht für alle Interessengruppen auch gleichermaßen gut, aber es ermöglicht die Befriedigung der größtmöglichen Zahl legitimer Interessen. Ein schlechtgehendes Unternehmen kann letztlich überhaupt keine Interessen mehr befriedigen.

Arbeitsplatzsicherung ist kein Unternehmenszweck

Gegen Shareholder- und Stakeholder-Value zu argumentieren, ist keineswegs, wie immer wieder behauptet wird, ein Rückfall in sozialstaatliches Denken. Es bedeutet nicht, einseitig für die Arbeitsplatzbeschaffung zu sein. Obwohl man mit der Forderung nach Arbeitsplätzen je nach politischer Lage immer wieder Pluspunkte in der Öffentlichkeit sammeln kann, wofür nicht nur Politiker, sondern durchaus auch Unternehmer, Topmanager und Verbandsfunktionäre anfällig sind, so kann das keine Lösung sein. Gerade wenn man das Unternehmen selbst und seine Funktionsfähigkeit und Leistungskraft ins Zentrum stellt, wird das klar.

Ein Unternehmen hat die Aufgabe, eine ökonomische Leistung für den Markt zu erbringen, und das heißt: eine Leistung für Kunden. Das Unternehmen erfüllt seine gesellschaftliche Verpflichtung in der Schaffung zufriedener Kunden. Wenn dazu viele Arbeitnehmer gebraucht werden, so mag das die Gewerkschaften freuen; wenn es seine Aufgabe aber nur mit immer weniger Arbeitskräften erfüllen kann, so darf es am Abbau von Arbeitsplätzen nicht gehindert werden. Die Zufriedenheit von Kunden ist höher zu stellen als das Interesse der Arbeitnehmer.

Kunden sind keine Stakeholder

Die Betonung des Kunden führt bei den Vertretern des Stakeholder-Ansatzes sofort zu der Behauptung, der Kunde gehöre ebenfalls zu den Stakeholdern.

Das ist ein schwerer Fehler bezüglich der Logik des Wirtschaftens und der Unternehmensführung. Kunden sind keine Interessengruppe, weil sie keine Interessen am Unternehmen haben. Dem Kunden ist, so wichtig ein Lieferant auch sein mag, letztlich das liefernde Unternehmen gleichgültig, und zwar deshalb, weil er eine Wahlmöglichkeit hat. Der Begriff »Kunde« ist in einer Marktwirtschaft überhaupt nur dadurch definiert, daß er wählen kann. Wenn er mit den Produkten oder Dienstleistungen des einen Unternehmens nicht zufrieden ist, dann kauft er eben bei einem anderen. Daher ist es auch unrealistisch, von Kunden Loyalität zu erwarten, so sehr man alles daran setzen soll, sie zu bekommen. In Wahrheit ist aber das, was nach Loyalität aussieht, immer Ausfluß einer Nutzenüberlegung. Der Kunde bezahlt für den Nutzen, den er bekommt.

54 Hier wird in der Regel eingewendet, der Kunde habe ein Interesse am Bestand eines Unternehmens, weil er einen Lieferanten brauche und oft von diesem abhängig sei. Ohne Zweifel braucht der Kunde Lieferanten, aber in einer Marktwirtschaft gibt es, solange diese funktioniert, immer mehrere Beschaffungsmöglichkeiten. Jeder Kunde hat ein vitales Interesse daran, gerade *nicht* in Abhängigkeit von einem Lieferanten zu kommen, weil er sonst mangels Wahlfreiheit aufhört, Kunde zu sein und abhängig von einem Monopol wird. So eng und gut auch immer die Kunden- und Lieferantenbeziehungen sein mögen, so sehr sie von Freundschaftlichkeit geprägt sein mögen, ihre Grundlage ist immer die auf Nutzen zielende Zufriedenheit des Kunden und seine Wahlmöglichkeit.

Es gibt nur eine zuverlässige Logik für gute Unternehmensführung: den Kunden besser zu bedienen, als die vorhandenen Konkurrenten das können. Kundennutzen und Wettbewerbsfähigkeit sind somit die beiden unbestechlichen und nicht manipulierbaren Orientierungsgrößen für die Unternehmensführung.

Führungskräfte müssen Menschen begeistern können (A leader has to be able to fill people with enthusiasm).

So oder so ähnlich tönt es aus den Magazinen; so steht es in Büchern. Das sind übliche Meinungen, die in praktisch jeder Diskussion vorkommen. Es sind Standardaussagen in den einschlägigen Instrumenten, sprich den Auswahl- und Beurteilungsverfahren und den darauf gestützten Gutachten, von Headhuntern und Eignungstestern, und es sind Standardkategorien in den Kompetenztests.

Man unterstellt eine positive Beziehung zwischen Begeisterung und Leistung. Man glaubt, je mehr jemand begeistert von dem ist, was er zu tun hat, desto mehr Leistung werde er erbringen. Das mag plausibel klingen, wo sind aber die Beweise?

Es gibt keine Beweise. Anscheinend ist das noch niemandem aufgefallen: Es gibt keine Untersuchung, die das Problem auch nur aufgeworfen hätte, ganz zu schweigen davon, daß diese Beziehung nachgewiesen worden wäre.

Mögliche Untersuchungen würden schon daran scheitern, daß man Begeisterung weder messen noch operationalisieren kann; man kann Begeisterung auch nicht zum Zwecke eines Experiments herbeiführen. Die These von der Begeisterung klingt zwar »irgendwie« überzeugend, aber sie ist schierer Aberglaube.

 Ich stelle zwei andere Thesen auf:

1. Je mehr jemand von etwas begeistert ist, desto geringer sind typischerweise seine Kenntnisse von der Sache und desto fragwürdiger sind daher seine Fähigkeit und seine Leistung.

2. Echte Leistung, besonders die Spitzenleistung, benötigt keine Begeisterung; diese ist im Gegenteil eher hinderlich. Was benötigt wird, sind Kompetenz und Erfahrung.

Meine beiden Thesen mögen abenteuerlich klingen. Die Bestätigungen dafür sind aber zahlreich. Jeder kennt Leute, die zwar hochbegeistert Ski fahren oder Tennis spielen – leider aber schlecht. Und man kennt andere Leute, die diese Sportarten hervorragend ausüben – ohne sonderliche Begeisterung. Sie haben womöglich Freude daran, meistens aber nur, so lange sie es als Hobby betreiben. Wer es berufsmäßig tut oder tun muß, wie Skilehrer oder Tennisprofis, ist weit mehr von Pflichtbewußtsein und Professionalität, vielleicht auch Vertragserfüllung, Ehrgeiz oder Geldgier geprägt als von Begeisterung. Auch der interessanteste Beruf kann nicht ein Leben lang mit Begeisterung verbunden sein. Man kann im übrigen gar nicht ständig begeistert sein; das nutzt sich schnell ab. Handwerker, Arbeiter, Lehrer, Kellner, Krankenschwestern, Ärzte und Führungskräfte in der Wirtschaft sind für die Berufsausübung weder auf Begeiterung angewiesen noch ist sie hilfreich.

Für erbrachte Spitzenleistungen blicke man auf den Sport, insbesondere auf den Profisport und die damit verbundenen Herausforderungen. Ein erfahrener Sportler ist vor einem schwierigen Wettbewerb alles andere als begeistert; er wüßte gar nicht, was ihm das helfen sollte.

Was dem Sportler hilft, ist das Wissen, ausreichend trainiert zu haben, seine Disziplin zu beherrschen und in Hochform zu sein. Ich konnte das beim Bergsteigen oft genug selbst erleben, und alle Tourenberichte über schwierige bis extreme Bergtouren bestätigen das. Nur bei den *leichten* Touren gibt es so etwas wie Begeisterung. Selbst wenn es während der Vorbereitung auf eine Expedition oder an ihrem Beginn Begeisterung gibt, so hält sie niemals lange genug an, um jemanden zum Gipfel zu bringen. Dafür sind andere Dinge nötig. Am Gipfel selbst mag es Begeisterung geben, aber dann ist die Leistung schon erbracht. Und es gibt Begeisterung auch nur dann, wenn man nicht noch einen schwierigen, langen Abstieg vor sich hat, denn dann ist nochmals Leistung nötig, nicht selten der schwierigere Teil. Nein, Begeisterung ist keine Kategorie *vor* der Leistung und *für* die Leistung. Begeisterung kommt *danach*.

Eines der riskanten Wörter, das in jüngerer Zeit immer häufiger Verwendung findet, ist »Leadership«, und am gefährlichsten ist »Leader«. Die beiden Wörter sind gefährlich, weil damit zwar die besten Leistungen der Geschichte, aber auch die schlechtesten verbunden sind. Sie können zu leicht mißbraucht werden.

Übersetzte man sie ins Deutsche, wäre das sofort zu sehen. Es sind die Wörter, die das 20. Jahrhundert zum blutigsten der Geschichte machten. Auch das 21. Jahrhundert hat nicht mit vorbildlicher Leadership begonnen, sondern mit ihrem Gegenteil. Fünfzig Jahre Abstand zum größten Mißbrauch der Begriffe Führer und Führerschaft können nicht ausreichen, um sie erneut widerspruchslos in die Diskussion zu bringen.

In einigen Zusammenhängen ist das Wort »Leadership« unbedenklich und kann kaum mißverstanden werden, wie etwa in Zusammenhang mit Markt und Kosten: Market-Leadership (Marktführerschaft) und Cost-Leadership (Kostenführerschaft).

Bedenklich ist das Wort hingegen bereits im Zusammenhang mit falschen Übersetzungen, diesmal nicht, wie so häufig, vom Englischen ins Deutsche, sondern umgekehrt, als Folge der Einführung von Englisch als Verkehrssprache in vielen Unternehmen.

Für das deutsche Wort »Führung« würde im Kontext von Unternehmensführung im Englischen kaum das Wort »Leadership« verwendet. Die korrekte Übersetzung ist fast immer »Management«. Für das Wort »Führungskraft« würde im Englischen »manager« gesagt und neuerdings auch öfter »executive«, besonders für höhere organisatorische Ränge. Ebenfalls in Frage käme in bestimmten Zusammenhängen »head of ...«, aber niemals »leader«.

Die Gefährlichkeit des Wortes »Leadership« zeigt sich in zwei Fällen, die sich zu häufen begonnen haben. Erstens, wenn es in einem bestimmten Vergleichskontext mit Management verwendet wird, und zweitens, wenn damit der Ruf nach einem bestimmten Persönlichkeitstypus verbunden ist.

In der aktuellen Literatur ist bei den meisten Autoren, die sich mit Leadership befassen, die ausgeprägte Tendenz zu beobachten, Management und Leadership in einen krassen Gegensatz zu stellen. Um die Bedeutung von Leadership möglichst groß zu machen, machen sie jene von Management möglichst klein.

Demnach wären Manager dann bloße Verwalter, Operateure und Exekutoren, die an den gegebenen Zuständen kleben, gegenwartsorientiert sind, mit Regeln und Kontrollen arbeiten – im Kern also Bürokraten sind –, während die Leader als Innovatoren, begeisternde Visionäre und Pioniere gesehen werden.

So meint zum Beispiel der Ausbildungsleiter einer der größten Banken: »Leadership schafft den eigentlichen Wandel, während das Management nur kleine Veränderungen initiiert.«

Und ein anderer unterscheidet den »transformierenden Leader« vom Manager unter anderem durch folgende Zuschreibungen:

Leader	**Manager**
weit	eng
tief	oberflächlich
experimentell	mechanisch
aktiv	reagierend
langfristig	kurzfristig
flexibel	starr
offen	geschlossen

Es steht selbstverständlich jedem frei, die Dinge so darzustellen. Die Frage ist, was damit gewonnen wird. Daß es Leute in Führungspositionen gibt, auf die die Begriffe der rechten Seite der Liste zutreffen, sagt überhaupt nichts über Management aus. Es beweist nur, daß es eben auch Fehlbesetzungen und schlechte Personalentscheidungen gibt.

Ich mache daher einen anderen Vorschlag: Wenn wir hoffen wollen, das wirklich Wesentliche an Leadership zu erkennen, zu analysieren und es möglicherweise sogar, falls das überhaupt geht, zu lehren und zu lernen, dann muß man von einem möglichst positiv verstandenen Bild von Management ausgehen und von dort aus dann fragen, was Leadership darüber hinaus noch zusätzlich bedeutet. Tut man das nicht, dann wird einfach alles Schlechte als Management bezeichnet und alles Gute als Leadership. Damit hat man aber über Leadership nichts gelernt, sondern nur Begriffe ausgetauscht und Wörter herumgeschoben.

Es gibt zahlreiche Führungskräfte, die zukunftsorientiert sind, Weitsicht haben, Innovatoren sind und allen Kriterien von positiv verstandenen Führern entsprechen; sie sind als Menschen aber viel zu bescheiden, um sich jemals als Leader zu bezeichnen oder bezeichnen zu lassen. Das würde ihnen als Anmaßung erscheinen. Es genügt ihnen, als gute Manager gesehen zu werden.

Ganz gefährlich wird die Verwendung des Wortes »Leadership« dann, wenn sie – was regelmäßig der Fall ist – mit der Forderung nach einem bestimmten Persönlichkeitstyp verbunden ist, der herausragenden, außergewöhnlichen, elitären, berufenen, charismatischen, missionarischen Anführerfigur, eben dem Führer.

Es ist eine historisch kurzsichtige, einfältige Denkweise, die das Elementarste nicht zu leisten vermag, was von einer Leadership-Theorie zu verlangen wäre, nämlich Führer von Verführern zu unterscheiden, die echten Führer von den Egomanen, Bluffern und Autokraten.

Es ist etwas leiser geworden um eines der schillerndsten Modewörter der New Economy: »Wissensmanagement«. Das heißt aber keineswegs, daß es aus der Mode gekommen wäre. Nur wenige Führungskräfte dürften den Mut haben, öffentlich zuzugeben, daß sie – wie vermutlich 99 Prozent aller Manager – nichts davon verstehen oder an der Brauchbarkeit der gemachten Vorschläge zweifeln. Es ist einmal mehr ein Tummelplatz für IT-Spezialisten, Berater und Trainer entstanden, die damit ihre eigene Existenz zu rechtfertigen versuchen, ohne dafür Verantwortung und Aufwand tragen zu müssen.

Jeder Führungskraft muß dringend empfohlen werden, realistisch zu bleiben und genau zu prüfen, wie es mit den »Kleidern dieses Kaisers« bestellt ist. Man kommt recht schnell dahinter, daß der Kaiser nicht nur nackt ist, sondern daß er gar kein Kaiser ist. Wie so oft verstellen Irrlehren, Angeberei, Bluff und Etikettenschwindel den vernünftigen Umgang mit Wissen als einer der Schlüssel-Ressourcen der Wirtschaft.

Wenn man für einmal den Lärm abstellt und der Sache auf den Grund geht, dann stellt sich heraus, daß das, was als Wissensmanagement bezeichnet wird, in Wahrheit etwas ganz anderes ist, nämlich Daten-, Informations- und Dokumentenmanagement. Fortschritte auf diesen Gebieten sind klarerweise nützlich und willkommen. Es ist hilfreich, wenn Dokumente, wie auch immer sie heißen mögen, besser und übersichtlicher verwaltet werden können; wenn man sie leichter und in mehr Situationen einer größeren Zahl von Personen und vor allem den richtigen Personen verfügbar machen kann. Das sind neue und bessere Formen der Archivierung und des Wiederfindens, aber längst kein Wissensmanagement.

Das zeigt sich klar im Internet, das zwar riesige Dokumentenberge enthält, aber ganz entschieden kein System von Wissen ist. Dabei ist das »Retrieval-Problem«, also das Finden von Dokumenten für den, der etwas sucht, nicht nur nicht gelöst, sondern es wird mit dem Wachstum des Internets ständig schwieriger. Auch die leistungsfähigsten Suchmaschinen finden längst nicht alles; aber selbst mit den vergleichsweise geringen Suchleistungen bekommt man typischerweise Zehn- oder Hunderttausende von Suchergebnissen. Was soll man mit ihnen aber wirklich anfangen? Man kann sie nicht einmal auf Relevanz prüfen, ganz zu schweigen davon, daß man auch nur Bruchteile ihres Inhaltes in irgend einem vernünftigen Sinne *wissen* könnte. Hier von Wissensmanagement zu reden, ist schierer Unfug.

Wissen ist etwas, was beim derzeitigen Stand nichts mit Computern und IT zu tun hat, sondern mit Gehirnen und mehr noch mit Verstand und Vernunft. Wissen ist etwas, was seinen Ort, salopp formuliert, zwischen zwei Ohren hat und nicht zwischen zwei Modems.

Die Wissenschaften, die sich am intensivsten mit dem befaßt haben, was man am ehesten als Wissensmanagement bezeichnen könnte, werden in der Diskussion über Wissensmanagement am wenigsten, ja überhaupt nicht beachtet. Es sind die Pädagogik, die Lern- und Kognitionspsychologie, die Neurowissenschaften, die Kybernetik und Teile der Philosophie. Wenn man also fündig werden wollte, müßte man auf deren Ergebnisse abstellen und diese weiter entwickeln. Statt dessen wird, bezeichnend für so vieles, was sich im Management breit macht, auf naive Weise bei Adam und Eva begonnen – und meistens bleibt man dort auch stecken, oder man münzt einfach die Begriffe um und spricht statt von Daten und Information nun von Wissen. Damit ist nichts gewonnen.

Wie verändern Menschen ihr Wissen? Man kann lernen und lehren, verstehen und begreifen, vermitteln und aufnehmen, vergessen und erinnern. Das alles hat mit Wissen zu tun. Denken ist wohl der wichtigste Teil von Wissensmanagement, nachdenken und manchmal vielleicht auch vordenken, und hoffentlich denkt man richtig – nämlich im Sinne des logischen Schließens. Das alles sind Elemente des Umgangs mit Wissen. Dazu kommt wohl auch noch das Sinnen und Erkennen, das Forschen, Entdecken und Erfinden, und das kann, vielleicht und hoffentlich, noch viel besser als bisher gemacht werden.

Man kann zu all dem auch »managen« sagen, womit ungefähr so viel gewonnen ist, wie wenn man das Kochen als

»Food Management« bezeichnet, die Aufführung einer Beethoven-Symphonie als »Sound Management« und die Malerei Monets oder Cézannes als »Pinselmanagement«.

Man beginnt also schon mit der falschen Problemstellung, denn Wissen als solches kann man nicht managen. Niemand hat das klarer gesehen als der Mann, der als erster die Bedeutung von Wissen für die moderne Gesellschaft erkannt hat, der die Begriffe der »Wissensgesellschaft« und des »Wissensarbeiters« geprägt hat. Es ist Peter F. Drucker, und er hat es nicht im Kontext der New Economy und der IT-Euphorie getan, sondern bereits 1969 (!) in seinem Buch »The Age of Discontinuity«[6]. Bis heute findet sich bezeichnenderweise in keiner seiner Schriften der Begriff »Wissensmanagement«, weil Drucker viel zu gut weiß, daß man Wissen nicht in einem vernünftigen Wortsinn managen kann.

Was man managen kann und muß, ist nicht Wissen, sondern erstens das Arbeiten mit Wissen und zweitens die Personen, die das tun, nämlich die Wissensarbeiter. Wissen, Wissensarbeit und Wissensarbeiter sind keineswegs dasselbe. Management in diesem Zusammenhang kann erst vernünftig eingesetzt werden und zu Resultaten führen, wenn man das sauber unterscheidet.

Wissen ist, und hier besteht Konsens, die wichtigste Ressource einer entwickelten Wirtschaft, und für manche Branchen ist es schon heute die einzige. Wem es gelingt, über Daten-, Informations- und Dokumentenmanagement hinauszukommen, wird einen kaum zu parierenden Konkurrenzvorteil haben. Dazu muß man Wissen produktiv machen. Das gelingt aber nicht durch Zauberformeln, sondern nur durch das Management der Wissensarbeit und des Wissens- oder besser Kopfarbeiters.

Erst wenn man das verstanden hat, kann man jene Formen der Kommunikation nutzen, die tatsächlich zur bestmöglichen Nutzung vorhandenen Wissens führen. Dafür braucht man keine Computer, sondern vielmehr spezielle Anordnungen der zwischenmenschlichen Kommunikation, also Kommunikationssysteme. Der Beginn ihrer Untersuchung fällt zusammen mit der Entstehung und Entwicklung der modernen Kybernetik, deren Fundamente mit den legendären Josiah Macy-Diskussionen in den 1940er Jahren gelegt wurden. Zu den herausragenden Pionieren gehören Alex Bavelas und Heinz von Foerster.

Der Kulminationspunkt wurde mit der Syntegrationsmethode erreicht, die Anfang 1990er Jahre von Stafford Beer in seinem Buch »Beyond Dispute«[7] entwickelt wurde. Damit wurde die Frage gelöst, welche Maximalzahl von Personen sich mit welcher Maximalzahl von Themen so befassen kann, daß (mathematisch) nachweislich das gesamte vorhandene Wissen genutzt wird. Es ist das bisher leistungsfähigste Verfahren zur Lösung von Problemen in Organisationen. Der gezielte Einsatz dieser Methode wird sich als wesentlicher Faktor in der Konkurrenz um immer leistungsfähigere Organisationen und um die Nutzung immer größerer Komplexität erweisen.

Manager sollen enabeln, empowern, supporten. Sie sollen Koordinatoren, Kommunikatoren, Kultivatoren und Katalysatoren sein, natürlich auch Motivatoren, Moderatoren, Mentoren und Mediatoren. Nur eines wird kaum noch gesagt: daß Führungskräfte *führen* sollen ...

Besonders hoch in der Rangliste der Rollenveränderungen im Management steht das »Coaching«. In der Zeit der postmodernen sprachlichen Beliebigkeit ist es häufig nicht einfach zu erkennen, was darunter zu verstehen ist. Jeder kann mangels begrifflicher Präzision daraus machen, was er will.

Die Grundidee wird aber meistens recht schnell klar: Im allgemeinen Verständnis ist ein Coach jemand, der weiß, was für andere Leute gut ist, für solche, die in eigener Sache einen Mangel an Urteils- und Entschlußkraft zu haben scheinen. So braucht offenbar jeder, der etwas auf sich halten oder jemand sein will, aber nicht so recht weiß, wie er es anstellen soll, seinen Personal Coach: für seine Fitneß (weil er sich aus eigenem Antrieb nicht bewegen zu können scheint), für seine Personality (weil es ihm an Selbstvertrauen fehlt), für das Styling (weil er sich auf seinen Geschmack nicht zu verlassen traut) und für das psychisch-spirituelle Wohlbefinden (weil er sein Leben lieber nach anderer Leute Maßstab führt, statt es selbst zu verantworten). Das mag privat jeder für sich halten, wie er will. Es hat aber keinen Platz in der Führung von Organisationen.

Das Handeln von Führungskräften hat viele Facetten. In den meisten Führungssituationen sind auch die Elemente der Betreuung und Beratung, des Helfens und Unterstützens, des Moderierens und Anleitens wichtig. Es steht außer Diskussion, daß Menschen in Organisationen diese Dimensionen der Führung gelegentlich brauchen, um Leistung zu erbringen, mit Schwierigkeiten fertig zu werden und Tiefschläge zu überwinden.

Das alles ist aber nicht wesentlich für die Funktion von Management. Führungskräfte haben in erster Linie zu führen. Die Aufgabe von Managern ist es, Resultate zu erzielen und damit den Zweck ihres Unternehmens zu verwirklichen. Das ist der einzige Grund, weswegen man sie braucht, und dafür werden sie bezahlt. Dazu müssen sie die Stärken der Menschen nutzen, um es ihnen auf diesem Wege zu ermöglichen, eine Leistung für das Unternehmen zu erbringen.

Nicht die Veränderung von Menschen und auch nicht die Beseitigung ihrer Schwächen ist Aufgabe der Führung, sondern die Transformation von Stärken in Ergebnisse.

Management ist der Beruf der Wirksamkeit. Es sind nicht Klugheit, Intelligenz, Erfahrung, Emotion, Vision oder Talente, die zählen, sondern ausschließlich das, was man mit ihnen bewirkt und aus ihnen macht. Management ist die Erfüllung klar definierter Aufgaben; sie bestimmen sich aus Disziplin, Leistung und Verantwortung.

 Das mag man als Zugeständnis an den Zeitgeist auch »Coaching« nennen. Damit ist allerdings nichts gewonnen, sondern führt nur zu Begriffsverwirrung und Etikettenschwindel. Es nimmt zudem dem Coaching dort seine Funktion, wo es durchaus angebracht ist: im speziellen Einzelfall, aber nicht als generellem Ersatz für Führung.

Man kann das anders sehen außerhalb des Unternehmens und im Privatleben. Dort mag Management überflüssig, ja sogar störend sein.

Im Unternehmen und in Organisationen der Gesellschaft, die Resultate erzielen müssen, ist Führung das unverzichtbare gestaltende und bewegende Organ. Das mag so lange nicht als wichtig angesehen werden, als gute Zeiten vorherrschen, die Geschäfte von allein laufen und es keine Schwierigkeiten gibt. Weder ist das aber typisch für die Wirtschaft, noch ist es ein Maßstab für die Qualität der Führung. Management muß sich unter »Schlechtwetterbedingungen« bewähren, es muß auf die Anforderungen des schwierigsten, härtesten Falles ausgerichtet sein. So lange alles gut geht, braucht man keine Führungskräfte. Dann genügen auch Moderatoren, Betreuer, Koordinatoren, Katalysatoren und Coaches. Das sind Erscheinungen, die in guten Zeiten auftreten als Folge lange anhaltender Wohlstandssteigerung – durchaus sympathisch, in Wahrheit jedoch Luxus, den man genießt, so lange man ihn sich leisten kann.

Wenn wir nicht die besten Löhne zahlen, bekommen wir nicht die besten Manager. So oder so ähnlich wurde und wird argumentiert, um die exzessiven Einkommen von Führungskräften zu rechtfertigen.

Die Einkommensexzesse von US-Topmanagern sind Tagesgespräch. In Europa finden wir zwar keine solchen Rekorde, man hat aber, um es höflich zu formulieren, erhebliche »Fortschritte« erzielt. Am wenigsten übertrieben wurde in Asien. »Managereinkommen« war bis Mitte der 1990er Jahre ein wichtiges, aber nicht unbedingt gefährliches, jedenfalls nicht ein mißbrauchtes Wort. Inzwischen ist es zu einer öffentlichen »Zeitbombe« geworden.

Sind die teuersten Manager auch die besten? Gibt es einen Zusammenhang zwischen Einkommenshöhe und Führungsqualität? Bringt der Markt tatsächlich die Besten in die richtigen Positionen?

Solange die Börse florierte und bevor die Skandale sichtbar wurden, konnte man eine entsprechende Argumentation vielleicht noch vertreten, obwohl es seit langem und ganz unabhängig von den jüngsten Übertreibungen fundierte Zweifel und Kritik gibt. Nachdem die Skandale ans Licht gekommen sind, kann das Argument, die Teuersten seien die Besten, nicht mehr aufrechterhalten werden.

 Zweifellos müssen gute Leute gut, ja sehr gut, bezahlt werden. Umgekehrt erbringen gut bezahlte Leute aber nicht automatisch gute Leistung. Warum sollten nicht billigere Kräfte ihre Aufgaben sogar besser machen als die teuren?

Wären die exzessiv bezahlten Spitzenmanager von Enron bis Worldcom ihren Firmen erspart geblieben, hätte man nicht nur jede Menge Geld eingespart, sondern die Firmen würden mit großer Wahrscheinlichkeit heute noch existieren. Noch schlechter, als die gerühmten Großverdiener es taten, hätte niemand diese Unternehmen geführt. Ein zerrüttetes Unternehmen oder einen Konkurs kann man auch für weniger hohe Löhne haben.

Es ist schlichtweg ein unbewiesenes Dogma, daß hohes Einkommen auch große Leistung, gar Spitzenleistung bedeutet. Aber für das Gegenteil gibt es ausreichend viele Beispiele, um sie ernst zu nehmen. Kein bedeutender Politiker ist jemals Politiker geworden wegen des Geldes. Deutsche Kanzler, Schweizer Bundesräte und amerikanische Präsidenten werden realtiv schlecht bezahlt, obwohl sich darunter, wenn auch nicht nur, so doch viele höchstqualifizierte Personen finden. Dasselbe gilt für Wissenschaftler, Spitzenbeamte und hohe Militärs. Auch unter den wegen ihrer Einkommen häufig kritisierten Medizinern gibt es gar nicht so wenige hochkompetente und hochrangige Spezialisten, die ihre Leistung nicht in Geld messen.

Wenn angesehenere Positionen automatisch in mehr Geld gemessen werden, dann ist es nicht zu vermeiden, daß sich unter den an die Spitze drängenden Personen immer mehr vorwiegend geldgetriebene Leute finden. Je mehr diese auch tatsächlich an die Spitze kommen, um so mehr wird die Organisation selbst geldgetrieben sein. Geldgetriebenheit ist aber nicht dasselbe wie Gewinnorientierung. Enron und Worldcom machten bekanntlich keine Gewinne; sie waren nur geldgetrieben.

Peter Drucker hat schon vor Jahren über einen bemerkenswerten Fall berichtet. Der US-Tycoon John P. Morgan, eine der größten Gründergestalten Amerikas und einer der überzeugtesten Kapitalisten, ließ zu Beginn des 20. Jahrhunderts eine Untersuchung in seinem Firmenimperium machen. Er wollte wissen, worin die Unterschiede zwischen seinen erfolgreichen Firmen und den nicht erfolgreichen lagen. Das Ergebnis war, daß es nur eine einzige Größe gab, welche die erfolgreichen Firmen von den erfolglosen unterschied: Es war die Differenz zwischen den jeweiligen Einkommensstufen im Unternehmen. In den erfolgreichen Firmen betrug diese Differenz von Stufe zu Stufe nicht mehr als 30 Prozent, während in den erfolglosen Unternehmen diese Proportion ausnahmslos aus dem Ruder gelaufen war. J. P. Morgan hat dieses Verhältnis anschließend überall entsprechend angepaßt.

Man kann heute, hundert Jahre später, die Proportion sicher großzügiger bemessen, insbesondere im Erfolgsfall. Und für die Spitzenleistung soll auch der Spitzenbonus ausgerichtet werden. Aber ich habe noch keinen Finanzanalysten, auch keinen Personalvermittler, gefunden, der auf diesen Faktor überhaupt geachtet hätte, um Leistung von Nicht-Leistung zu unterscheiden. Und vielleicht macht es auch Verwaltungs- und Aufsichtsräte nachdenklich, daß immerhin einer der Großmeister des Kapitalismus eine klare Vorstellung über die Einkommensbemessung hatte.

Was kann der Mensch leisten? Wo sind seine Grenzen? Bis heute ist die Frage unbeantwortet, und vielleicht werden wir es nie wissen. Die Geschichte ist aber ein einziger Beweis dafür, daß die Menschen wesentlich mehr leisten können, als zu jeder Zeit vermutet wurde. Die Grenzen sind nie dort, wo man sie vorschnell und oft nur zu gerne für sich gelten läßt.

Allerdings macht es die Art, wie Menschen erzogen, geformt und gebildet werden, schwer, nach dieser Einsicht zu leben.

Zum Teil wurden und werden Menschen absichtsvoll künstliche Grenzen gesetzt – im Interesse der Erhaltung des jeweiligen Status quo, von Macht- und Besitzverhältnissen. Zu einem anderen Teil resultieren Grenzen aus ideologischer Leistungsfeindlichkeit, aus Gleichmacherei und vor allem aus einer als Menschlichkeit kaschierten Wehleidigkeit.

Daß Menschen trotzdem und gegen alle Hindernisse dann doch Grenzen überschritten haben, darf um so optimistischer für ihr Leistungsvermögen stimmen.

Doch in jenem Bereich, dem historisch die Pionierfunktion für Leistung und Leistungsorientierung zufiel – der Wirtschaft – werden heute Grenzen eher aufgerichtet als eingerissen. Man tut das nicht mit Absicht, wohl eher, weil ein paar Grundwahrheiten nicht mehr verstanden werden. Sie sind einem modischen, aber nur scheinbaren Humanismus in der Aus- und Weiterbildung zum Opfer gefallen. Künstliche und völlig unnötige Grenzen resultieren erstens aus der Motivationslehre. Grenzen werden zweitens gesetzt durch die meisten Versuche in der Persönlichkeitsentwicklung, die fast immer genau am falschen Punkt ansetzen, nämlich der Beseitigung von Schwächen.

Eine erste Verdeutlichung will ich am Beispiel der Motivationslehre vornehmen, vor allem daran, was in der Managementaus- und -weiterbildung daraus gemacht wird. Es ist zur allgemeinen, praktisch nicht mehr hinterfragten Gewißheit geworden, daß Menschen nur dann arbeiten und leisten, wenn sie motiviert sind. Daraus leitet sich für viele ab, daß auch nur dann gearbeitet und geleistet werden soll, wenn man motiviert ist. Schließlich ist der nächste Schritt nur folgerichtig: Es entsteht ein Anspruch darauf, motiviert zu werden. Bevor dieser nicht erfüllt ist, leistet man eben nicht: »Heute bin ich gar nicht gut drauf; motivier‘ mich mal schön, lieber Chef ...«

Vielleicht hat man vergessen, wann und wo die Befassung mit Motivationsfragen begonnen hat – nämlich erst in den Fünfzigerjahren des 20. Jahrhunderts, und zwar in den USA. Kaum jemand scheint zu fragen, wie es eigentlich vorher und in anderen Teilen der Welt war. Vorher und außerhalb des wohlhabenden Amerikas konnte sich niemand den

Luxus leisten, über Motivation nachzudenken. Es gab nicht einmal das Wort, und eben deshalb gab es auch nicht das Problem. Die Quellen von Arbeit und Leistung waren bestimmte Werthaltungen, und es war vor allem die schiere Notwendigkeit.

Nicht weil es angenehm war zu arbeiten, haben die Menschen es getan, sondern weil sie mußten und weil sie es für ihre Pflicht hielten. Die Notwendigkeiten sind heute auch in den entwickelten Ländern zwar noch nicht ganz verschwunden, wohl aber geringer geworden und in erheblichem Umfange durch die Sozialsysteme ersetzt worden. Das mag man begrüßen. Pflicht und Pflichtbewußtsein sind leider damit auch abhanden gekommen. Man darf sicher sein, als ewiggestrig abgetan zu werden, wenn man an Pflichterfüllung appelliert.

Wer nur noch aktiv wird, wenn er Lust dazu verspürt und wenn es ihm angenehm ist – er also motiviert ist –, wird wenig Impuls verspüren, Grenzen auch dann noch zu erkunden oder gar zu überschreiten, wenn die Motivation zu Ende ist. Grenzen auszuloten ist fast ausnahmslos mühsam, es ist mit Anstrengung verbunden, manchmal mit jenem übermenschlich erscheinenden letzten Einsatz, der eben beweist und immer wieder bewiesen hat, daß der Mensch mehr kann, als ihm andere, und er sich selbst, zutrauen.

Am eindrücklichsten zeigt sich dies in Krisen-, Not- und Kriegszeiten. Es ist unglaublich, was Menschen in solchen

Situationen zu leisten und zu ertragen imstande waren und noch immer sind. Zahlreiche weitere Beipiele findet man, wenn man interessiert ist und sich den Blick nicht von psychologischen Wehleidigkeiten der Motivationslehren verstellen läßt, immer und überall: in Wissenschaft und Kunst, Wirtschaft und Politik, in Krankenhäusern und Familien, Schulen und Kirchen.

Das Überschreiten von scheinbaren Grenzen findet dort statt, wo Menschen sich nicht fragen, ob sie motiviert sind und Lustgewinn erwarten dürfen, sondern wo sie sich aufgerufen fühlen, eine Aufgabe zu erfüllen, eine Situation zu meistern und eine Pflicht zu tun. Nichts könnte in solchen Situationen lächerlicher, bedeutungsloser und zynischer sein als die Frage nach Motivation und Lustgewinn.

Dieser Gedanke gilt heute als altmodisch, nachdem Motivationslehren in so vielen Köpfen verankert sind. Man braucht aber nicht viel Analyse, um festzustellen, daß eine Gesellschaft überhaupt nicht funktionieren könnte, wenn jeder nur das täte, wofür er motiviert ist. Statt Motivationslehren zu verbreiten, die bei genauerem Hinsehen sinnlos erscheinen, sollte man vielleicht doch die Menschen dazu ermutigen, auf ihre Motivation gar nicht zu achten, sondern ihre Fähigkeiten und ihre Kraft in vollem Umfange einzusetzen.

Ein zweites Beispiel für unnötige Grenzen und die Entmutigung der Menschen, sie zu erkunden, ist im weitesten Sinne das, was im Management unter Persönlichkeitsentwicklung verstanden wird. Überwiegend baut sie auf der Identifikation von Schwächen auf und dem Bemühen, diese zu beseitigen.

Wir verfügen heute über die raffiniertesten Methoden zum Erkennen von Schwächen und Defiziten. Sie sind aus Personalwesen und Weiterbildung kaum wegzudenken. Gerade deshalb scheint man aber zu übersehen, daß Menschen niemals erfolgreich werden können durch die Beseitigung von Schwächen, sondern ausschließlich dadurch, daß sie ihre schon vorhandenen Stärken weiterentwickeln und voll nutzen.

Die fehlgeleitete, aber weithin vorhandene und scheinbar humane Philosophie der Schwächenbeseitigung ist einer Weiterentwicklung nicht förderlich. In Wahrheit wird den Menschen damit nicht nur nicht geholfen, sie werden im Gegenteil behindert. Man beschneidet dadurch ihre Möglichkeiten, ihre Grenzen überhaupt zu entdecken, von Überschreiten ganz zu schweigen. Wer seine Schwächen, oft mit übermenschlichen Anstrengungen, beseitigt, erreicht damit selten mehr als Mittelmaß. Er kommt, meistens physisch oder psychisch erschöpft, dort an, wo jene, die diese Schwächen nicht hatten, mühelos gestartet sind. Der Aufwand ist gigantisch, das Ergebnis kläglich.

Alle großen Leistungen – im Sport, in Kunst und Wissenschaft, in Wirtschaft und Politik – sind das Ergebnis der kompromißlosen Nutzung von Stärken, die man schon hat. Sie sind erbracht worden von Menschen, die von anderen oder durch sich selbst ermutigt wurden, nicht auf ihre Schwächen zu achten und sich nicht mit deren Beseitigung abzuquälen, sondern »mit den Talenten zu wuchern«, die ihnen mitgegeben waren.

Es ist Zeit, mit der Nachahmung amerikanischer Managementmoden aufzuhören, insbesondere für die Corporate Governance. Statt dessen sollte man sich auf die bewährten Fähigkeiten und Stärken besinnen und zu einem vernünftigen Wirtschaften zurückkehren.

Zwei Denkfehler haben zu naiver Imitation des scheinbar überlegenen US-Managements geführt. Der erste Denkfehler: Amerikas Wirtschaft sei stark. Tatsächlich ist sie nur groß. Der zweite: Die Ursache dafür sei das gute, weltweit überlegene Management der US-Unternehmen. In Wahrheit ist amerikanisches Management nur dort brauchbar, wo man es mit einfachen Verhältnissen zu tun hat. Für komplexe, mulitikulturelle, gar globale Aufgaben ist es ungeeignet, ja schädlich.

Die US-Wirtschaft ist in einem desolaten Zustand, der durch falsche Zahlen, tendenziöse Berichterstattung und eine abenteuerliche Wirtschaftstheorie verschleiert wird. Weder stimmen die Wachstumraten des Sozialprodukts noch die Beschäftigungszahlen; weder sind die Gewinnziffern der Unternehmen richtig, noch gibt es nach der Rezession von 2000 bis 2002 eine nennenswerte Konjunkturerholung. Die in den USA dominierende Wirtschaftstheorie von der »asset-based, wealth-driven economy« ist ein Treppenwitz der Wirtschaftsgeschichte.

 Amerika hat die Größe seiner Unternehmen nicht der Qualität ihres Managements zu verdanken. Die US-Wirtschaft ist groß, weil sie etwas hat, was es sonst in keinem entwickelten Land je gab, nämlich einen großen, weitgehend homogenen eigenen Markt (Homemarket). Es ist kein Wunder, daß große Unternehmen entstehen, wo es rund 290 Millionen Konsumenten gibt, die alle dieselbe Sprache sprechen und von einer Mentalität geprägt sind, die sie für einheitliche Werbung und Promotion empfänglich machen und eine einheitliche Produktgestaltung ermöglichen. Management ist leicht, wenn keine Zollgrenzen zu überwinden sind und überall dieselben Administrationsvorschriften und Steuergesetze gelten. Nichts von dem gab es bis vor kurzem in Europa. Wir können die Amerikaner um ihre komfortable Lage nur beneiden; nachahmen sollten wir sie nicht.

Die Exportquote des typischen US-Unternehmens ist klein oder inexistent, die des europäischen ist groß. Amerika ist eine Importnation, Europa lebt vom Export. Wo kein Englisch gesprochen wird, hat es sich auf amerikanische Weise bald »ausgemanagt«. Daher sind die USA keineswegs, wie man gerne glaubt, das Zentrum globalen Denkens und Wirtschaftens. Das Zentrum ist im Gegenteil dort, wo schon vor über 500 Jahren Wirtschaftsbeziehungen mit China und Japan unterhalten wurden und wo kaum Aufsehens von Globalisierungsideen gemacht werden muß, weil sie längst umgesetzt wurden, nämlich in Europa.

Aus den genannten Gründen ist es um ein Vielfaches leichter, in den USA ein großes Unternehmen zu managen als in Europa. Es gibt somit keinen Anlaß, nach Amerika zu blikken, um dort Management für komplexe Verhältnisse zu lernen. Amerikanisches Management ist Pflichtlauf; die Kür ist, ein großes Unternehmen in Europa zu führen.

Die amerikanisierten MBA-ausgebildeten Manager werden nun rasch lernen müssen, daß die Führung eines Unternehmens nicht aus dem Lösen von Fallstudien besteht, sondern aus dessen exaktem Gegenteil, nämlich zu erkennen, wo sich welcher Fall zusammenbrauen könnte. Wenn alles schön sauber in einer Fallstudie niedergelegt werden kann, ist ein Fall kein Problem mehr, sondern nur noch der Vollzug von Arbeit. Wenn man einen Businessplan à la Business Schools erstellen kann, haben andere das Geschäft längst gemacht, weil sie auf die schwachen Signale reagierten und nicht auf die Rechnungen warteten. Business Administration ist, was der Name sagt, Verwaltung, aber nicht antizipierendes unternehmerisches, gar strategisches Handeln.

Diese Generation wird die Erfahrung machen, daß die als ultimative Wahrheiten rund um die Welt propagierten Orientierungsgrößen – Shareholder, Stakeholder, Wertsteigerung – in Wahrheit das Gegenteil sind, nämlich Desorientierungsgrößen. Daher sind Orientierungs- und Ratlosigkeit schon jetzt in den Führungsetagen zu sehen – immer weniger gut kaschierbar, wenn auch noch immer mit Imponiergehabe übertüncht.

Kein geringer Prozentsatz an Führungskräften scheint zu glauben, daß die Kenntnis der gängigen finanzwirtschaftlichen Kennziffern schon ein Management-Befähigungsausweis sei. Das ist ein gefährlicher Irrtum.

Solange für die Leistungsmessung eines Unternehmens nur EBIT verwendet wurde, war das Risiko von fehlerhafter Führung noch limitiert. Dennoch wurde schon diese Kennziffer mißbraucht.

Am Management Zentrum St. Gallen haben wir in der Strategieberatung seit spätestens 1984 mit EBIT gearbeitet. So neu, wie manche glaubten, war diese Kennziffer nicht, als sie Mitte 1990er Jahre in Mode kam.

EBIT wurde aber selbstverständlich vor dem Beginn der Börseneuphorie niemals dafür benutzt oder empfohlen, ein Unternehmen zu *führen.* Diese Kennziffer wurde ausschließlich eingesetzt, um Unternehmen zu *vergleichen.* Weil jede Firma eine andere Finanzierungs- und Steuersituation hat, war es nötig, ein Brutto- statt ein Nettoergebnis zu verwenden, um brauchbare Leistungsvergleiche anstellen zu können.

Die Wiege von EBIT war das sogenannte PIMS-Programm (Profit Impact of Market Strategy), das in den 1960er Jahren bei General Electric entwickelt wurde, um die Leistung von unterschiedlichen Geschäftsfeldern zu beurteilen und zu vergleichen. Selbstverständlich war immer klar, daß man von einem echten Ergebnis nur *nach* Zinsen und Steuern sprechen konnte und auch erst danach an eine Dividende zu denken war.

Was für den Vergleich erfunden worden war, wurde unter dem Einfluß des Shareholder-Values zu einem Führungsmaßstab. Es war der erste Schritt zur Falschführung.

Die weiteren Schritte waren vorherbestimmt und unvermeidbar: Es kamen EBITD, EBITDA etc., alles Kennziffern, die aus der Betrachtungswelt von Buchhaltern, Wirtschaftsprüfern und Investmentbankern stammen, für die Führung eines Unternehmens aber völlig unbrauchbar sind. Anläßlich eines Symposiums habe ich mir erlaubt, eine »ganz neue« Kennziffer vorzuschlagen, nämlich EBA – Earnings before anything ... Es dauerte eine Weile, bis die Ironie im Publikum verstanden wurde.

Diese finanzwirtschaftlichen Kennziffern mögen in verschiedenen Situationen durchaus ihren Nutzen haben. Sie sind aber untauglich für die Führung eines Unternehmens, für jene Funktion nämlich, die das Wirtschaftsergebnis überhaupt erst produzieren muß, bevor es dann bewertet werden kann.

Alle finanzwirtschaftlichen Kennziffern sind für die Führung höchst problematisch, weil sie den wirklich wesentlichen Dingen des Managements zeitlich hinterherlaufen. Aus dem inzwischen großen Vorrat an Kennziffern eignet sich für den Führungszweck im Grunde nur eine einzige, nämlich EAE – Earnings after everything. Erst nachdem alle erforderlichen Rückstellungen vorgenommen sind, alle Reserven gebildet wurden, um auch schlechte Zeiten überstehen zu können, kann man von echten Ergebnissen sprechen.

In den Jahren während des Booms wurden die Menschen geradezu zum Bluffen erzogen, verleitet, ja gezwungen. Das Geschwätz von den Ich-Marken, vom »War for Talent«, die »Recruiting-Events« gewisser Firmen und die allgemeine Modewelle der Selbstdarstellerei hat selbst jene, die von sich aus gar nicht zu solchem Verhalten neigen, mehr oder weniger gezwungen, sich der Show anzupassen.

Man kann schon in jungen Jahren erkennen, wer es mit äußerem Schein und Bluff probiert und wer auf Substanz und echte Leistung zielt. Deutlich mehr als die Hälfte meiner Studenten und unserer jüngeren inner- und überbetrieblichen Seminarteilnehmer waren und sind davon angewidert, sich mit Effekthascherei profilieren zu müssen. Sie empfinden das geradezu als Prostitution. Dieser Unfug hat den falschen Leuten eine Bühne bereitet und die Aufmerksamkeit gewisser Medien verschafft. Es sind jene, die die »dünnsten Bretter bohren«.

Eine der wichtigsten und gleichzeitig schwierigsten Aufgaben in jedem Unternehmen, egal welcher Größe, ist die Personalauswahl.

Wie trennt man die Spreu vom Weizen, die Bluffer von den Leistenden? Worauf man achten muß, ist heute wichtiger zu wissen denn je.

In Wirtschaft und Politik ist in der Vergangenheit nicht selten ein bestimmter Typus von Manager in hohe und höchste Stellen gelangt. Dieser Typ versteht es geschickt, seine tatsächliche Unfähigkeit zu verschleiern; er beherrscht die Rituale und den Smalltalk; er weiß, wem und wie er schmeicheln muß; er macht sich als Einflüsterer breit.

Die heutige Gesellschaft oder besser: weit verbreitete Mängel bei den Personalentscheidungen machen es ihm oft leicht, weil auf die Positionen und nicht auf die Ergebnisse geachtet wird.

Auf diesen Typus mache ich hier besonders aufmerksam. Er kommt als Folge von fehlgeleiteter Personalpolitik und mißverstandener Karrierevorstellungen häufig vor: Es ist der Job Hopper.

Job Hopper sind Leute, die Positionen sammeln – Durchgangspositionen – statt Ergebnisse. Ihre Lebensläufe sind auf den ersten Blick sehr beeindruckend. Sie enthalten lange Listen von Stellen, die sie innehatten, häufig mit imponierenden Bezeichnungen, wie »Assistent«, »Koordinator«, »Beauftragter für«, »Mitwirkung bei«, »Referent von«. Besonders eindrucksvoll klingt das alles auf Englisch. Wenn »Chief Group Coordinator« auf einer Visitenkarte zu lesen ist, traut sich niemand zu fragen, was die Person denn wirklich tut.

Bei genauer Analyse findet man allerdings zwei Dinge meistens nicht, nämlich Verantwortung und Ergebnisse – und vor allem: Verantwortung für Ergebnisse. Das ist aber das einzige, was in der Wirtschaft wirklich zählt und zählen sollte.

Leute mit langen Listen von Positionen sind in aller Regel keine wirksamen Manager, sondern häufig Karrieristen. In ihren Lebensläufen findet man vieles; in ihrem Leben allerdings nur eines: nämlich einen untrüglichen Instinkt dafür, wann sie gehen müssen. Und sie gehen immer genau ein halbes Jahr, bevor die Ergebnislosigkeit zu sehen ist, manchmal auch der »Mist« zu riechen beginnt, den sie hinterlassen werden.

Job Rotation

Das Ignorieren der Ergebnisse als entscheidende Orientierungsmarke wird in vielen Großunternehmen aktiv gefördert: durch mißverstandene Job Rotation.

Das Ziel ist selbstverständlich ein ganz anderes und richtiges, nämlich möglichst umfassende Ausbildung und Erfahrung für die aussichtsreichen Mitarbeiter. Gegen das *Prinzip* der Job Rotation kann nichts gesagt werden, aber es muß richtig eingesetzt werden. Es wirkt nur dann positiv, wenn mit jeder Station auch nachweislich Resultate verknüpft sind.

Daß es zu lange Verweildauern in einer Position geben kann, ist klar. Weniger klar scheint zu sein, daß eine immer größere Zahl von Führungskräften, darunter besonders die jungen, eine viel zu kurze Verweildauer haben, um Resultate zu erzielen. Sie rotieren schon zum nächsten Job, noch bevor die Arbeit getan ist und Ergebnisse zu sehen sind. Job Rotation ist gut und wichtig für Menschen in ihren Zwanzigern; und es ist nochmals notwendig für die »Vierziger«.

Die entscheidende Altersgruppe sind aber die Dreißig- bis Vierzigjährigen. Für diese Menschen ist dafür zu sorgen, daß sie das Wichtigste in ihrem Leben erlangen können – das, woraus allein Selbstvertrauen, Selbstsicherheit, Selbstachtung, lebenslange Selbstmotivation und vor allem Glaubwürdigkeit und natürliche Autorität in einer Organisation resultieren können. Dafür gibt es nur eine Quelle: sichtbare, überzeugende Resultate und nicht Positionen.

Man kann keine Zahl für die Verweildauer an einer Stelle und somit für das Job Hopping angeben, aber es gibt ein sicheres Kriterium: Man muß lange genug in ein und derselben Position bleiben, um Ergebnisse zu erzielen, die andere wahrnehmen können und sie überzeugen. Ich schließe nicht aus, daß das in den üblichen eineinhalb bis zwei Jahren gelegentlich auch möglich ist. Aber es gibt nicht viele ernstzunehmende Aufgaben, in denen man nach zwei Jahren tatsächlich ins Gewicht fallende Resultate sehen kann. Meistens wird es, wenn man realistisch ist, länger dauern.

Wer zwischen seinem dreißigsten und vierzigsten Lebensjahr mehr als drei oder vier Positionen innehatte, muß sich bezüglich des Job Hoppings einige Fragen gefallen lassen. Und er tut gut daran, sich die Antworten genau zu überlegen, insbesondere wenn er es mit einem kompetenten Personalchef zu tun hat.

Der wird ihn fragen: Was haben Sie bisher gemacht? Welche Resultate haben Sie erzielt? Wie hat jede Stelle ausgesehen, als Sie sie angetreten haben, und wie hat sie ausgesehen, als Sie sie verlassen haben? Worauf sind Sie wirklich stolz? Und warum?

Ein Job Hopper hat keine überzeugenden Antworten. Die Wahrscheinlichkeit ist groß, daß er inkompetent ist und es zu verschleiern versucht – und sich damit unter den Zwang einer Lebenslüge stellt: nämlich für den Rest seines aktiven Lebens allen Leuten etwas vorgaukeln zu müssen, für das er nie den Beweis antreten kann.

Daß Wirtschaftsunternehmen keine Glücksfindungs-, Wellness- und Selbstverwirklichungshorte sein können, hat jeder durchschnittliche Mensch mit den Rezessionsjahren begriffen. Daß sie es gar nicht sein sollen, ist von klarsichtigen Leuten immer vertreten worden, auch wenn sie zeitgeistkonform häufig dafür verachtet wurden.

Es verwundert dennoch, daß der Selbstverwirklichungs-Wahn(-sinn) immer wieder neu auftaucht, unter anderem besonders gut maskiert und dort, wo man ihn am wenigsten erwarten würde: nicht bei durchschnittlichen Mitarbeitern, sondern bei einer bestimmten Art von »Managerchen« einer Art, die sich besonders leistungsorientiert und dynamisch zu geben meint. Man erkennt sie zuverlässig daran, daß sie mit Vorliebe von Herausforderungen reden; daß sie vermelden, immer »neue Challenges zu brauchen«.

Egomanie

Vielen scheint die Suche nach Herausforderungen ein klares, wichtiges und positives Eignungsmerkmal zu sein. Genau daran erkennt man in Wahrheit aber ihre Inkompetenz. In ihren Bewerbungen führen die Kandidaten häufig an, daß sie in der zu besetzenden Stelle eine »neue Herausforderung« sehen. Und regelmäßig begründen Manager in Medieninterviews den Antritt einer neuen Stelle mit dem Hinweis auf die Herausforderung, die sich ihnen biete.

Manchmal mag das nur gedankenloses Gerede sein; schlimm, wenn es vor Kameras geschieht, und inakzeptabel für Führungskräfte, von denen zuvorderst erwartet werden muß, daß sie denken, bevor sie reden. Häufig genug sind das nicht gute Manager, sondern schlichtweg Egozentriker, darunter »ausgewachsene« Egomanen, auf ihrem Selbstverwirklichungstrip – und meistens in Kombination mit einem Hang zu Visionen. Damit sind sie eine Gefahr.

Nicht, was das Unternehmen braucht, interessiert sie – sondern was sie selbst brauchen. Nicht die Aufgabe ist ihr Bezugspunkt – sondern ihre eigenen Bedürfnisse. Es kümmert sie nicht, ob sie den Herausforderungen, nach denen sie lechzen, auch gewachsen sind und also Ergebnisse erzielen werden.

Mit der ihnen zumeist eigenen Mischung aus Naivität und Arroganz, aber ganz im Geist der Zeit, fühlen sie sich zu allem fähig, wenn es sie nur »herausfordert«, als ob ein inneres Gefühl der Herausforderung ein Befähigungsnachweis wäre. Sie brauchen den »Kick«, wenn möglich einen, für den sich die Medien interessieren. Im Verbund mit den Visionen, an denen sie häufig auch noch leiden, hinterlassen sie meistens nach kurzer Zeit ihren Nachfolgern halb erledigte Aufgaben oder einen Scherbenhaufen – während sie selbst bereits wieder zu den »neuen Ufern« anderer Herausforderungen unterwegs sind. Noble Adressen aus der Finanzwelt, der internationalen Telekommunikationsszene und dem New Economy-Kindergarten lassen grüßen.

Ein typisches Beispiel ist ein Spitzenmanager, der der staunenden Öffentlichkeit via Fernsehinterview und dann noch in einigen Talkshows anläßlich eines überraschend schnellen Stellenwechsels eben dieses mitteilte: Er brauche immer neue Herausforderungen. Und mehr noch: Wenn er (wörtlich) nicht feuchte Hände habe, dann mache ihm die Aufgabe schon keinen Spaß mehr, dann müsse er sich nach Neuem umsehen. Es war offensichtlich, wie beeindruckend das auf manche Kommentatoren wirkte; wie sie diese Formulierungen liebten und darin den Inbegriff modernen Managements zu erblicken wähnten – und nicht merkten, daß sie nur Hand boten für die Verbreitung von spätpubertären Peinlichkeiten und die Bemäntelung eines veritablen Desasters.

Überforderung

Ist es denkbar, daß »feuchte Hände« nicht ein Zeichen für besondere Kompetenz sein könnten, sondern für das genaue Gegenteil, für hoffnungslose Überforderung? Was wäre von einem Piloten zu halten, der vor lauter Herausforderung ob eines Interkontinentalfluges feuchte Hände bekommt? Oder von einem Chirurgen, der zu schwitzen beginnt, weil er die Operation als Herausforderung empfindet? Würde man ihnen nicht empfehlen, noch so lange weiterzuüben, bis sie ihre Aufgaben ohne Überreaktion ihrer Schweißdrüsen und Sonderproduktion von Adrenalin ruhig und gelassen – eben professionell – erledigen können?

»Beyond the limits«, wie man immer wieder hört, ist schon in Ordnung, aber nur für Leute, die Grenzen als solche zunächst einmal zu erkennen vermögen und dann mit der nötigen Umsicht und mit klarem Verstand für die Risiken daran gehen zu überlegen, wie man sie allenfalls überschreiten könnte. Viele auch der Besten sind trotzdem daran gescheitert. Von Reinhold Messner, der wie wenige andere nicht nur einmal, sondern regelmäßig Grenzen im Alpinismus überschritten hat, kann man vor allem lernen, wie man Risiken vermeidet und nicht sucht, wenn sie tödlich sind, und wie man »within limits«, also innerhalb der Grenzen, bleibt. Seine wirkliche Stärke ist nicht Heldenmut, sondern nüchternes Kalkül und professionelle Vorbereitung.

Erlebnis oder Ergebnis?

In den letzten Jahren ist es Mode geworden, beeindruckende Bilder von Extremsituationen im Alpinismus in der Werbung und Selbstdarstellung einzusetzen – bezeichnenderweise von Wirtschaftsprüfungsfirmen, Beratungsorganisationen, im Investmentbanking und in der New Economy –, dort, wo die Scherbenhaufen der »Bubble-Economy« am größten sind.

Extremes Felsklettern, gefrorene Wasserfälle und Motive aus dem Höhenbergsteigen sind gut für die Aufmerksamkeit – »beyond the limits« ... Da ich selbst ein Leben lang diesen Sport in den höheren Schwierigkeiten betreibe, bin ich der Sache nachgegangen: Ich habe keinen einzigen Manager einer solchen Organisation kennengelernt, der auch nur näherungsweise an die Sujets der selbstdarstellerischen Werbung herangekommen wäre. Die Besteigung des »Chimborazzo«, mit der sich manche Manager(-Berater) ganz »zufällig« immer vor den Kameras des Prominenten-Boulevards brüsten, die man mit Sicherheit nur dort findet, wo man mit dem Auto hinkommt, sind wohl »beyond the limits«, aber an Peinlichkeit, nicht an Leistung.

Es gibt unter Führungskräften ausgezeichnete Sportler, auch in den Extremsportarten – Hochseesegeln, Extrem- und Höhenbergsteigen, Pol- und Wüstenexpeditionen –, aber man findet sie nicht in jenen Firmen, die blufferisch mit solchen Motiven Eindruck zu machen versuchen.

Man darf sich durchaus gelegentlich herausgefordert fühlen, solange man das nicht mit fachlicher Inkompetenz verwechselt. Ich bin für das Erkunden von Leistungsgrenzen und für ihre Überwindung. Ich empfehle aber Skepsis und genaue Prüfung, wenn Manager besonders betont von den »Challenges« reden, die sie brauchen und suchen. Es ist auch nichts einzuwenden gegen Herausforderungen, denen man sich stellt und Erlebnisse, die man sucht: privat, bei Extremsportarten, auf der Rennpiste, im Biwak.

Unternehmen aber brauchen nicht Erlebnisse, sondern Ergebnisse. Sie sind nicht dazu da, für Adrenalinstöße und feuchte Hände ihrer Manager zu sorgen. Sie sind dazu da, aus den Stärken ihrer Mitarbeiter Nutzen für ihre Kunden zu schaffen.

Die Gefahr des Wortes »Kunde« liegt darin, daß man es geringschätzt und damit das wichtigste Element jedes Unternehmens, seinen Existenzgrund, aus den Augen verliert. Hätte mir jemand zu Beginn der 1990er Jahre gesagt, daß das je passieren würde, hätte ich es nicht glauben können. Genau das ist aber unter dem Einfluß der Shareholder Value-Orientierung geschehen. Das war der Hauptgrund für zahlreiche Bilanzskandale und Bankrotte sowie für die finanzielle Schieflage vieler Firmen und ihre Sanierungsbedürftigkeit, die mit dem Beginn der Rückgänge an den Börsen ab März 2000 offenkundig wurden.

Durch die Lehre vom Shareholder Value wurde die exklusive Hinwendung zum Aktionärsinteresse legitimiert und damit de facto die Abkehr vom Kunden und dem Kundennutzen. Das gab einem bestimmten Persönlichkeitstyp die Möglichkeit, in Spitzenpositionen zu kommen, nämlich jenem Manager, in dessen Denken nur quantifizierbare, ja schlimmer, nur in Geld quantifizierbare Größen wichtig sind. Damit ist es zu einer Epoche verkürzter Unternehmensführung und Eindimensionaliät des Managements gekommen.

Alle zuvor erzielten Fortschritte in der Lehre der Unternehmensführung, die eindeutig gezeigt hatte, daß Unternehmen nur als komplexe, vieldimensionale Systeme angemessen verstanden werden können, was wiederum bedeutete, daß Management die Kunst des Balancierens und Abwägens zahlreicher, oft widersprüchlicher Faktoren zu beherrschen hatte, konnten nun ignoriert werden. Unternehmensführung war plötzlich leicht geworden, denn man konnte ihren Erfolg täglich am Börsenkurs ablesen, der für historisch unkundige Leute offenbar naturgesetzlich ständig und unbegrenzt stieg.

In den Wind schlagen konnte man auch die Erkenntnisse der Strategielehre, wonach eine erfolgreiche Strategie darauf auszurichten war, Märkte, und das bedeutet in einer Marktwirtschaft Kunden, erfolgreicher zu bedienen, als die Konkurrenz es konnte. Nun bestand Strategie darin, Deals zu machen sowie die Erwartungen des Börsenpublikums, der Analysten und Medien zu befriedigen.

Niemand, außer Marxisten und Kommunisten, hatte bis dahin die wohldefinierten Interessen und die daraus resultierenden Rechte der Aktionäre an Kapitalertrag und -wachstum bestritten. Ebenso klar war aber immer, daß dies nur auf einem Wege erzielbar war, nämlich dadurch, daß der eigentliche Existenzgrund des Unternehmens, der zufriedene Kunde, im Zentrum der Aufmerksamkeit der Unternehmensführung zu stehen hat.

Die Tätigkeit des Wirtschaftens ist komplex; die Logik des Wirtschaftens ist letztlich einfach: Wer Kunden hat, wird immer auch Kapital bekommen, ob von der Börse oder aus anderen Quellen, ist nicht entscheidend. Aber auch mit noch so viel Kapital läßt sich, wie die Neuen Märkte gezeigt haben, nicht wirtschaften, wenn man keine Kunden findet. Daß eine Idee Börsenkapital anzuziehen vermag, ist keinerlei Hinweis auf ihre Tauglichkeit für Kunden. Die Kunden, nicht die Aktionäre sind es, die Rechnungen bezahlen. Im übertragenen Sinne bezahlen die Aktionäre erst dann »die Rechnung«, wenn das Unternehmen in seiner wichtigsten Aufgabe versagt hat: Kunden zu suchen, zu finden und zufriedenzustellen. Kundenorientierung ist auf die Entstehung, auf die Schaffung der Wirtschaftsleistung gerichtet; Aktionärsorientierung ist auf deren Verteilung gerichtet. Das erste ist der schwierige Teil der Aufgabe; das zweite ist einfach.

»Motivation« ist das zentrale Thema der Managementausbildung der letzten 40 bis 50 Jahre. Fragt man Führungskräfte nach ihrer wichtigsten Aufgabe, kommt sofort und ohne Zögern die Antwort: die Motivierung der Mitarbeiter. Kein anderes Thema hat eine stärkere Beachtung in den Sozialwissenschaften gefunden und über keines wurden so viele Untersuchungen gemacht.

Im Vergleich dazu ist der Kenntnisstand der Praktiker erstaunlich gering. Wenn man ihnen auf den Zahn fühlt, erweist sich das Wissen der meisten Manager über Motivation als fragmentarisch. Sie haben keine klaren Vorstellungen über den Begriff der Motivation, und nur wenige haben Kenntnisse über die verschiedenen Theorien. Nur eine Minderheit weiß, was wirklich zu tun ist, wenn man Menschen motivieren will.

Mein Vorschlag ist, über die üblichen Auffassungen von Motivation hinauszugehen. Insbesondere schlage ich vor, sich von der Vorstellung zu trennen, daß es immer jemand anderen, jemand Dritten, einen Chef, oder sonst jemanden geben werde, der einen motiviert.

Selbst wenn man es akzeptieren will, daß das eine brauchbare Vorstellung für gewöhnliche Leute sein könnte, sie ist gewiß nicht brauchbar für Führungskräfte. Wer Führungskraft sein will, wem gar der Gedanke durch den Kopf geht, eines Tages ein »Leader« zu sein, muß einen weiteren Schritt machen: von der Motivation zur Selbstmotivation. Wer darauf wartet, von anderen motiviert zu werden, wird es nie zu etwas bringen. Er ist abhängig, er bleibt ein Leben lang ein Geführter. Im Grunde ist er ein Dienstbote, auch wenn er durch Zufall, glückliche Umstände oder falsche Personalentscheidungen in höhere Positionen kommen sollte.

Wer auf die Motivation durch Dritte wartet, wird immer wieder herbe Enttäuschungen erleben, denn es wird nicht ständig jemand anderen geben, der ihn motiviert. Mein Vorschlag ist daher, ganz im Widerspruch zur gängigen Vorstellung über Motivation: »Mache dich innerlich unabhängig von der Motivation durch andere! Lerne, dich selbst zu motivieren!« Menschen sind viel stärker und autonomer, als weitverbreitete Pseudo-Psychologie es wahrnehmen kann und wahrhaben will.

Der Hauptgrund des Arbeitens wird häufig schlichtweg übersehen, teilweise gar nicht mehr gekannt. Als Folge dessen wird auch der Wesenskern des »Wirtschaftens« nicht verstanden – höchst gefährlich, sobald einschneidende Reformen in die vermeintlichen Besitzstände der Wohlstandsgesellschaft notwendig sind.

Warum arbeitet der Mensch? Warum wird überhaupt gewirtschaftet? Warum wird auf eine bestimmte Weise gewirtschaftet?

Arbeiten und Wirtschaften werden durchwegs mit bestimmten Formen menschlichen Strebens und Wollens erklärt: Der Mensch will, so hört man, Bedürfnisse befriedigen. Als Konsument strebt er nach Nutzen oder nach Erfüllung seiner Wünsche. Als Unternehmer will er Gewinne machen oder wachsen oder beides. Als Mitarbeiter ist er tätig, weil er motiviert wurde. Als Manager will er produktiv oder innovativ sein.

Es sind also offensichtlich psychologische Elemente, die als Triebkräfte des Wirtschaftens angesehen werden. Das alles klingt nicht nur plausibel, es ist weitgehend herrschende Lehre. Ist es aber wirklich so? Sind es solche subjektiven Elemente des Wollens, Wünschens und Strebens, die den Druck in der Wirtschaft erklären? Wieso stellt man sich diesem Druck, statt ihm auszuweichen oder ihn zu ignorieren?

 Die Antwort lautet: wegen des Wettbewerbs. Ist das die ganze Wahrheit?

Diese übliche Wirtschaftsauffassung übersieht den mit Abstand wichtigsten Punkt: Menschen arbeiten, Unternehmer und Unternehmen wirtschaften nicht deshalb, weil sie arbeiten oder wirtschaften wollen, sondern weil sie müssen. Sie stehen unter Zwang.

Woher kommt dieser Zwang? Er folgt aus der ebenso schlichten wie zwingenden Tatsache, daß Menschen und Unternehmen Verpflichtungen eingegangen sind, die der Höhe und der Zeit nach festgelegt sind und zwangsweise erfüllt werden müssen. Einfacher gesagt: Sie haben Schulden.

Ein Teil der Schuldverhältnisse wird freiwillig eingegangen und hätte somit auch vermieden werden können. Man hätte die entsprechenden Kaufakte – zum Beispiel Raten-, Leasing- oder Kreditkartenkäufe – auch aufschieben können. Sobald die Schuldverhältnisse aber einmal entstanden sind, üben sie ihre unerbittliche und irreversible Wirkung aus: Es entsteht Erfüllungszwang, und zwar nicht nur im Ausmaß des eingegangenen Obligos, sondern zusätzlich in Höhe des vereinbarten Zinses. Die Entstehung von Verpflichtungen mag freiwillig sein; ihre Abwicklung ist es nicht.

Damit allein könnte aber die Wirtschaft noch immer nicht verstanden werden. Der weitaus größere Teil der Schuldkontrakte ist unfreiwillig geschlossen worden. Alle Produktion und alles Arbeiten müssen vorfinanziert werden. Käufer gibt es erst, nachdem produziert, Lohn erst, nachdem gearbeitet wurde. Die Vorfinanzierung führt zu zwangsweisen Schuldkontrakten und zu zusätzlichen Kosten, eben dem Zins.

Ein Schuldner ist also gezwungen – völlig gleichgültig, was sein Streben, Wollen oder seine Motivation sein mögen –, nicht nur das Darlehen zu erwirtschaften, also eine Leistung zu erbringen, die er ohne Bestehen des Schuldkontraktes möglicherweise nicht erbracht hätte. (Er hätte ohne Bestehen der Verpflichtung auch guten Gewissens Freizeit machen können.) Der Schuldner muß aber darüber hinaus eine Mehrleistung in Höhe des Zinses erwirtschaften.

Über diese Ursache wirtschaftlicher Tätigkeit, der typischen Hektik und des wirtschaftlichen Drucks wird selten berichtet – bemerkenswert, wo wir doch weltweit die höchsten absoluten und relativen Schulden haben, die es je gab. Die niedrigen Zinsen machen sie zwar erträglicher als sie bei hohen Zinsen wären. Dennoch ist die Mehrleistungsverpflichtung in absoluten Zahlen astronomisch. Diese Ursache des Wirtschaftsgeschehens ist von psychologischen Motiven und sonstigen Zielen, Wünschen und Vorhaben gänzlich unabhängig.

Die Summe aller Schuldverhältnisse mal dem jeweils gültigen Zinssatz entspricht der Summe der mindestens erforderlichen wirtschaftlichen Mehrleistung zwecks Vermeidung des Unterganges. Diese Einsicht verdanken wir einem der besten Ökonomen, die ich kenne: Paul C. Martin[8]. Gestützt auf Arbeiten von Gunnar Heinsohn und Otto Steiger[9], hat er maßgeblich die sogenannte debitistische Wirtschaftstheorie entwickelt. Ohne deren Kenntnis kann man Wirtschaft nicht verstehen.

Wir sind es gewohnt, die Menschen in bestimmte Kategorien einzuteilen: Konsumenten und Produzenten, Arbeitnehmer und Arbeitgeber, Anbieter und Nachfrager. Sie sind nicht unwichtig, aber sie erklären vergleichsweise wenig. Die mit Abstand wichtigeren Kategorien sind Schuldner und Gläubiger.

Aus dieser debitistischen Sicht ist der Markt nicht nur der Ort des Aufeinandertreffens von Angebot und Nachfrage, sondern er ist vor allem der Ort, an dem verschuldete Produzenten die erforderlichen Schuldendeckungsmittel, nämlich Geld, aufzutreiben versuchen. Der Kapitalismus ist keineswegs ein System, das der Gewinnmaximierung dient oder aus dieser verstanden werden kann. Das mag aus einer kontemplativen Perspektive so erscheinen, die vom realen Wirtschaftsgeschehen weit entfernt ist. Es ist im Kapitalismus völlig gleichgültig, ob jemand Gewinne macht oder nicht. Der Kapitalismus ist ein System, in dem Rechnungen bezahlt werden müssen. Das ist die einzig gültige Definition. Liquidität ist letztlich entscheidend, nicht Gewinn. Die Rechnung wird entweder vom Schuldner bezahlt, solange er kann. Und wenn er nicht mehr kann, dann bezahlt der

Gläubiger durch Abschreiben der uneinbringlich gewordenen Forderung.

In Ländern mit Rezession oder Krise kann man das in bedrückender Weise sehen: in Japan, Teilen Südostasiens und in Argentinien, aber auch überall sonst, weil ein wachsender Teil der Bevölkerungen aller Länder in die Schuldenfalle gerät.

Es sind nicht die üblichen Ansprüche, und es sind nicht die ständig beschworenen psychologischen Elemente (so wichtig sie sind), die das entscheidende Element für das Verstehen der Wirtschaft sind. Die Ansprüche für das tägliche Leben können die Menschen weit heruntersetzen – wenn nur die Schulden nicht wären.

Sinkende Aktien und Immobilien wären für niemanden ein Problem, wenn er sie bezahlt und nicht auf Kredit gekauft hätte. Der Aufschwung beginnt daher mitnichten im Kopf, wie das naive Werbeslogans verkünden. Der Aufschwung beginnt und endet bei den Schulden.

Daß Innovation wichtig ist, braucht man kaum zu betonen, die Zukunft fast aller Unternehmen hängt davon ab. Daß die meisten Innovationsversuche aber scheitern, kann nicht oft genug gesagt werden. Acht von zehn Innovationen mißlingen – mit horrenden Kosten.

Der Hauptgrund dafür ist, daß in den meisten Unternehmen zwar viel Innovationsromantik existiert, aber wenig Innovationsprofessionalismus. Die meisten Manager beherrschen das Handwerk nicht. Jede Innovation ist eine »Expedition in Neuland«, eine »alpinistische Erstbesteigung«, behandelt werden sie meistens aber als »Osterspaziergänge«.

Zunächst ist die Ausmerzung weit verbreiteter Irrlehren und Mißverständnisse erforderlich.

Die erste Irrlehre ist die Meinung, Innovationen entstünden im Forschungslaboratorium oder in der Entwicklungsabteilung. Was dort entsteht, sind nicht Innovationen, sondern Ideen, vielleicht auch Prototypen und experimentelle Ergebnisse. Innovation muß hingegen kompromißlos vom Markt her definiert werden.

Erst wenn sich Vermarktungserfolge abzeichnen, darf man sich und seinen Mitarbeitern erlauben, von Innovation zu sprechen. Nur diese Sicht ermöglicht es, die richtigen Strategien zu wählen sowie Zeit- und Geldaufwand einigermaßen vernünftig abzuschätzen. Die wesentliche Frage ist nicht: »Was haben wir Neues entwickelt, erfunden oder entdeckt?« Die Schlüsselfrage muß lauten: »Was wäre zu tun und was ist erforderlich, um diese Entwicklung, Erfindung oder Entdeckung erfolgreich in den Markt zu bringen?«

Die zweite Irrlehre ist die Meinung, Kreativität sei wichtig. Als Folge dessen wird Kreativität als prominente Eigenschaft von Führungskräften gefordert, werden Kreativitätstrainings in den Unternehmen durchgeführt und Kreativitätsmethoden angewandt. Offensichtlich glaubt man, es bestehe ein Mangel an Ideen. Aber nicht an Ideen mangelt es, sondern an realisierten Ideen. Selbst die »unkreativsten« Unternehmen haben um Faktoren mehr Ideen, als sie jemals realisieren.

Ideen *generieren* ist etwas völlig anderes als Ideen *realisieren.* Nur das ist Innovation. Die Idee ist zwar nicht unwichtig, aber sie ist das vergleichsweise unwichtigste, billigste und einfachste. Nach der Idee muss ein funktionierender Prototyp entwickelt oder es müssen die klinischen Tests durchgeführt werden. Dies verursacht bereits wesentlich mehr an Aufwand, und es dauert viel länger. Danach muß die Entwicklung zur Serienreife gebracht werden, mit wiederum erheblich größerem Aufwand. Und schließlich muß auch noch die Vermarktungsphase zumindest begonnen werden. Man kann davon ausgehen, daß jeder Folgeschritt das Zehnfache an Aufwand verursacht.

Der dritte Irrglaube ist die Auffassung, nur kleine Unternehmen seien innovativ. Es ist Mode, die Schwerfälligkeit der Großkonzerne zu kritisieren und die Vorzüge der kleinen Einheiten zu loben. Kleine Unternehmen können vieles, was die großen nicht können, Innovieren gehört aber nicht dazu. Die kleinen Einheiten sind oft kreativer, sie tun sich leichter mit Ideen und sie kommen zügig bis zur Prototyp-Phase. Aber dann sind sie meistens am Ende ihrer Kräfte.

Kleine Unternehmen haben immer zwei Probleme: Sie sind schlecht finanziert und häufig auch dilettantisch geführt. Daher sind viele kleine, angeblich innovative Unternehmen in Wahrheit nichts anderes als interessante Übernahmekandidaten für die großen. Kleine Unternehmen sind gute Sprinter, aber schlechte Finalisierer. Wirksame Innovation ist ein Langstreckenlauf, eine Ausdauerdisziplin, bei der es auf die Kräfte in der zweiten Hälfte ankommt.

Ein vierter Aberglaube ist die Vorstellung, Innovation habe immer oder vorzugsweise mit Hochtechnologien zu tun. Die Faszination von Technologie und die Fixierung darauf produzieren eine kollektive Irreführung. Wir werden in Zukunft zweifellos etwas mehr High-Tech haben, und es gibt Firmen, die sich damit besonders befassen müssen. Aber das ist längst nicht für alle wesentlich. Man übersieht aufgrund dieser Faszination die viel zahlreicheren Möglichkeiten, die es auf den nicht-technologischen Gebieten gibt, die mit geringeren Risiken und weniger Aufwand lukrative Geschäftsmöglichkeiten bieten.

Der fünfte und gefährlichste Irrtum ist aber die Meinung, zum Innovieren brauche man einen speziellen Persönlichkeitstyp: den initiativen, kreativen, unternehmerischen, risikofreudigen Pionier. Es gibt solche Leute, aber sie sind selten. Schaut man sich die angeblichen Pioniere genauer an, stellt sich fast immer heraus, daß sie im nachhinein zu solchen hochstilisiert wurden, durch heroisierende Biographien oder Medienberichte.

Die meisten Pioniere waren in Wahrheit ganz gewöhnliche Menschen. Sie wurden, bevor ihr Erfolg augenfällig war, von ihrer Umgebung eher als Spinner und komische Käuze angesehen. Sie hatten nichts vom strahlenden »Innovator«. Aber sie hatten meistens eines: eine systematische Arbeitsweise. Sie haben das Handwerk beherrscht. Darüber wird zwar in den Biographien fast nie geschrieben, aber das ist es, was man von ihnen lernen kann.

Es gibt kein Seminar, in dem nicht Fragen nach dem Führungsstil gestellt werden.

Die Führungsstil-Problematik gehört zu den am meisten diskutierten Fragen der letzten Jahrzehnte. Auf kaum einem anderen Gebiet wurde so viel empirische Forschung betrieben, und es gibt kaum einen Manager, der sich mit diesem Thema nicht beschäftigt hätte. Es ist ein Standardthema jeder Führungsausbildung, weil es allen wichtig erscheint.

Im Gegensatz dazu halte ich es für weitgehend unwichtig, zumindest für viel weniger wichtig, als es üblicherweise gesehen wird. Für diese zur gängigen Meinung gänzlich konträre Auffassung habe ich zwei Gründe.

Keine Korrelationen

Erstens, es gibt keine Korrelation zwischen Stil und Ergebnissen. Man kann zwar im Laboratorium und im Seminar Korrelationen herstellen. Jeder Trainer kennt Übungen, mit denen man das erreichen kann. Sie sind Standard in der Seminarszene, und man kann mit ihnen Einsichten und Lerneffekte erzielen. Sie sind aber nicht auf die wirtschaftliche Realität außerhalb des Seminarraums übertragbar.

Jeder kennt Manager, die einen kooperativen Führungsstil pflegen und gleichzeitig ausgezeichnete Resultate vorlegen können. Daß dies eine optimale Situation darstellt, ist offensichtlich und braucht nicht weiter kommentiert zu werden. Andererseits gibt es Führungskräfte, die autoritär führen und schlechte Ergebnisse haben. Diese Situation ist auch klar: Sie ist untragbar; von solchen Leuten muß man sich trennen. Diese beiden Varianten geben keinen Anlaß zu Diskussionen.

Ich kenne aber auch Leute, die sehr kooperativ führen, sehr angenehm und kultiviert sind – nur haben sie leider keine Resultate. Und dann kenne ich Manager, die sehr direktiv und ziemlich strikt führen und daher landläufig als autoritär gelten. Aber sie können gute Ergebnisse vorweisen. Vor diese beiden Varianten gestellt, entscheide ich mich für den zweiten Typus.

Was zählt, sind die Ergebnisse und nicht der Stil. Management ist der Beruf der Wirksamkeit, und das heißt, des Erzielens von Resultaten. Wenn es auf kooperativem Wege geht, um so besser. Wenn nicht, dann müssen die Resultate höher gewichtet werden als der Stil.

Das einzusehen, fällt Leuten ohne Praxis nicht leicht. Wer ein paar Jahre praktische Erfahrung hat, wird meistens zustimmen. Aber selbst dann ist es schwer, danach zu handeln. Es mangelt nicht an Einsicht, sondern an der Zivilcourage, ein Dogma der Führungslehre kritisch zu hinterfragen und es möglicherweise über Bord zu werfen.

Mein zweites Argument ist: Stil ist nicht wichtig, sondern etwas anderes ist es, was in der Managementausbildung so gut wie nie zur Sprache kommt. Was wirklich wichtig ist, das sind Manieren. Man kann es auch Anstand oder Kinderstube nennen. Opportunistische Trainer sagen mir, sobald ich das ausspreche, daß sie genau das mit Stil meinen. Stil und Manieren sind aber zwei ganz verschiedene Dinge.

Was gemeint ist, sind nicht hochgezüchtete Höflichkeitsrituale, sondern elementare Manieren. Es geht um schlichte Dinge, zum Beispiel darum, daß man gelegentlich »bitte« und »danke« sagt, auch zu seinen Mitarbeitern, auch zu den »niedrigsten« Untergebenen; daß man die Leute ausreden läßt, ihnen zuhört, vielleicht nicht lange, aber doch aufmerksam; daß man ihnen nicht ins Wort fällt, sie nicht anschreit, seine Launen nicht zeigt, egal, wie einem zumute ist, und seine Emotionen nicht an Mitarbeitern ausläßt.

Es sind Dinge, die man von Kind auf lernt; und wenn man es als Führungskraft mit Leuten zu tun hat, bei denen das nicht so war, dann muß man es von ihnen eben am Arbeitsplatz verlangen und darf in dieser Beziehung keine Kompromisse machen. Rüpelhaftes Verhalten darf nicht geduldet werden.

Das alles hat mit Stil nichts zu tun, sondern mit Korrektheit. Als Führungskraft hat man sich seinen Mitarbeitern gegenüber jederzeit korrekt zu verhalten. Dasselbe gibt für die Kollegen, wo es keineswegs selbstverständlich ist, und es gilt gegenüber Vorgesetzten, was normalerweise nicht betont zu werden braucht. Man kann einen Mangel an Korrektheit nicht mit Stil kompensieren. Wer es an Korrektheit fehlen läßt, dann mit seinen Mitarbeitern aber »kooperativ« umgehen will, wird eher als »Schleimer« und als Opportunist empfunden.

Keine Karriere für Flegel

Unter Alfred P. Sloan, dem Mann, der von 1920 bis 1956 an der Spitze von General Motors stand und die Firma zum lange weltgrößten und zu seiner Zeit profitabelsten Unternehmen machte, hat niemand Karriere gemacht, dem es an elementarem Anstand mangelte. Sloan selbst war in diesen Dingen außergewöhnlich korrekt. An Härte hat es ihm nicht gefehlt, wenn sie notwendig war. Und er brauchte sie, am Anfang gegen die Konkurrenzübermacht von Ford und um die schwierigen Zeiten zu bestehen.

Sloan war hochgeachtet und respektiert, nicht nur wegen seiner unternehmerischen Leistung, sondern weil er es nie an den Grundsätzen menschlichen Anstandes fehlen ließ. Das hat nichts mit dem zu tun, was man heute unter »Unternehmenskultur« zu verstehen pflegt. Eine Unternehmenskultur verdient nur dann diese Bezeichnung, wenn sie in eben diesem elementaren Anstand besteht bzw. auf diesem basiert.

In der Physik gibt es ein Naturgesetz, wonach, wenn feste Körper sich treffen, Reibung entsteht. Organisationen sind Orte, wo sich feste Körper, nämlich Menschen, treffen – und daher entsteht »Reibung«. Es entstehen Konflikte. Manieren sind nicht der Treibstoff, nicht die Energie, die eine Organisation voranbringt. Sie sind aber der »Schmierstoff«, der die Reibung erträglich macht. Menschen sind eckig und kantig; und keine Organisation kann so gut sein, daß nicht Konflikte entstünden, genau so wenig, wie man einen Motor so konstruieren kann, daß es keine Reibung gibt.

Es gibt keinen Grund, in Konfliktmanagement auszubilden, solange es an diesen Dingen fehlt. In der Managementausbildung sollte man daher niemals das Thema Konfliktmanagement an den Anfang stellen. Ziel und Richtschnur muß ein Managementverständnis sein, das Konflikte gar nicht entstehen läßt. Nicht Konflikte zu *lösen,* ist die erste Aufgabe, sondern so mit den Menschen umzugehen, daß sie *vermieden* werden. Eine der wichtigsten Voraussetzungen dafür sind Manieren.

Man beachte, daß hier nicht von Protokoll und Etikette die Rede ist. Ob ein Manager eine den Regeln der Hohen Diplomatie entsprechende Tischordnung machen und mit dem Hummer vorschriftsmäßig umgehen kann, ist sekundär. Protokoll und Etikette haben zwar durchaus ihren Stellenwert, und je höher die Position ist, um so weniger kann man sie ignorieren. Sie sind aber selten wirklich entscheidend für die praktische Alltagsführung. Kinderstube und

Anstand hingegen sind es. Sie sind unverzichtbare Grundlagen, ohne die es vernünftige Führung nicht geben wird, insbesondere nicht in jenen Bereichen, wo anspruchsvolle Kopfarbeit zu leisten ist. Sie sind viel billiger als jede Ausbildung in Führungsstil und Konfliktmanagement oder gar eine Reorganisation. Sie sind auch viel wirksamer. Und man kann sie schneller etablieren als alles andere.

Man kann sich allgemeiner Zustimmung, in manchen Kreisen der Verehrung, sicher sein, wenn man mehr »Bauch« fordert und gegen die »Verkopfung« auftritt. Plädoyers für mehr »Emotionalität«[10] im Management sind in unterschiedlichen Variationen immer wieder Marktrenner. Regelmäßig treten auch Vertreter des Topmanagements und der Unternehmerschaft für mehr Gespür und Intuition ein.

Umgekehrt ist mit oft erbitterter Gegnerschaft zu rechnen, wenn man das Umgekehrte tut: weniger »Bauch« und mehr »Kopf« zur Diskussion stellt. Selbst die Forderung nach einer Balance von beidem wird oft genug mit Argwohn quittiert. Die Diskussionsqualität ist mittelalterlich, ebenso der Dogmatismus.

Bemerkenswert ist, daß es keine wissenschaftliche Untersuchung gibt, die die Überlegenheit des »Bauches« gegenüber dem »Kopf« in jenen Punkten nachgewiesen hätte, die im Kontext von Management am entschiedensten behauptet werden, nämlich beim Erkennen, Erfassen und Beurteilen von komplexen Sachverhalten und damit zusammenhängend beim Treffen von Entscheidungen, und zwar richtigen Entscheidungen.

Das Ergebnis von Untersuchungen zeigt das Gegenteil.[11] Die Emotionen der Menschen sind zwar ein Bestandteil von komplexen Systemen, eine ihrer wichtigsten, vielleicht überhaupt die wichtigste Wirkungskomponente. (Darin liegt zum Beispiel die Bedeutung von Gefühlen für Marketing, Politik und Religion.) Das muß man wissen und kann es nutzen (wofür eine Verstandesleistung nötig ist). Die Gefühle selbst sind aber keine Hilfe dafür, solche Systeme und Situationen zu verstehen und darin richtig zu handeln. Eines der entscheidenden Hindernisse ist gerade das Gefühl der subjektiven Gewißheit, das mit Emotionen in der Regel verbunden ist.

Nur positive Emotionen?

Wenn von Emotionen und ihrer erwünschten Wirkung im Management die Rede ist, sind die positiven Emotionen gemeint: Liebe, Mitleid, Sympathie. Wer wollte ohne sie sein? Gibt es aber nur diese? Über die negativen, destruktiven, bösen Gefühle findet sich kein Wort. Gibt es Neid, Mißgunst, Haß, Eifersucht und Aggression nicht? Sollen wir uns diese unter dem Etikett »mehr Bauch« auch in unseren Familien und Organisationen wünschen? Man sieht, daß es nicht genügt, einfach mehr Emotion zu fordern.

Die Entwicklung hin zu einer Zivilisation, gar einer Kultur, hängt maßgeblich damit zusammen, daß der Mensch gelernt hat, seinen Emotionen, Instinkten und Trieben »Zügel« anzulegen, sie zu disziplinieren.[12] Viele Emotionen sind ausgesprochen sozialschädlich. In der Disziplinierung zerstörerischer Emotionen liegt der Hauptzweck von Sitte, Moral, Recht und Manieren. Der Mensch ist ein soziales Wesen nur in dem Maße, als er gelernt hat, Regeln zu befolgen, statt seinen Impulsen nachzugeben. Er ist human, nicht weil er Emotionen hat; er ist human aus dem gegenteiligen Grund, weil er seine Emotionen unter Kontrolle gebracht hat.

Aus diesem Grunde ist zu empfehlen, innerhalb von Organisationen, wenn sie funktionieren sollen, Emotion durch Korrektheit zu ersetzen. Ich habe in meinen 30 Jahren Praxis keinen Konfliktfall erlebt, dessen Ursprung und/oder Eskalationsgrund nicht auf Emotionen basierte. Für das Privatleben mag man das anders sehen; in einer Organisation kommt man mit Emotionen – auch den positiven – in »Teufels Küche«.

Sind Gefühle zuverlässig?

Wie sieht es mit der Richtigkeit der aus dem Bauch heraus getroffenen Entscheidungen aus? Abgesehen von den Fehlerquoten in den gefühlsmäßigen Partnerwahlentscheidungen (man denke an die Scheidungsquoten) und den »Bauch«-Entscheidungen an der Börse (man analysiere die Kontostände), genügen ein paar einfache Tests, um die Unzuverlässigkeit gefühlsmäßiger Beurteilungen und Entscheidungen zu erfahren.

Zum Beispiel sind außerhalb klimatisierter Räume nur wenige in der Lage, gefühlsmäßig eine richtige Temperaturangabe zu machen. Was als subjektiv warm oder kalt angesehen wird, zeigt sich auf dem Thermometer mit seiner »verkopften« Objektivität anders. Kaum jemand ist fähig, Luftfeuchtigkeit oder Windgeschwindigkeit auch nur näherungsweise richtig zu schätzen. Gefühlsmäßige Geschwindigkeitsschätzungen von Autos durch Passanten (etwa bei Verkehrsunfällen) sind so notorisch falsch, daß sie vor Gericht als Zeugenaussagen wertlos sind. Genauso ist es bei Zeitschätzungen; was man »Zeitgefühl« nennt, liegt so hoffnungslos daneben und ist so sehr von der Situation geprägt, daß es unbrauchbar ist. Zehn Minuten beim Zahnarzt erscheinen endlos, zwei Stunden spannendes Kino vergehen gefühlsmäßig im Flug.

Bedenklich wird es, wenn den Leuten – nicht selten mit Autoritätsanspruch – zum Beispiel empfohlen wird, »gefühlsmäßig« Fitneß zu trainieren. Niemand ist in der Lage, die Höhe seines Pulsschlages ohne Meßgerät richtig zu nennen, außer er hat jahrelanges Training hinter sich, mit systematischen Pulsmessungen und genauen Aufzeichnungen, und selbst dann ist die Irrtumsquote hoch.

Im Bereich komplexer Systeme wurde von Jay Forrester am MIT in seinen bahnbrechenden Systemstudien gezeigt, daß sich komplexe Systeme kontra-intuitiv verhalten, wie er es genannt hat. Das steht somit ihrer gefühlsmäßigen Erfassung, Einschätzung und Beurteilung systematisch im Wege.

Daß der Verstand des Menschen fehlerhaft arbeitet, bestreite ich nicht; weswegen aber Gefühle diesen Mangel nicht haben sollten, bleibt unerklärt. Allen Argumenten und Widerlegungen zum Trotz hält sich hartnäckig die bloße unbegründete Behauptung, daß Gefühle dem Verstand überlegen seien, und wenn man es schon nicht nachweisen kann, dann wird sie wenigstens um so häufiger – meistens sehr gefühlsbetont – wiederholt.

Ganz ungeniert wird Gefühl höher gewertet als Verstand und Vernunft. Gefühl wird mit Wärme und Menschlichkeit assoziiert, Verstand mit deren Gegenteil, mit Kälte und wenn schon nicht mit Unmenschlichkeit, so doch mit eisigem Kalkül.

Diese sich gegenseitig ausschließende Zweiteilung, die immer wieder vorgenommen wird, ist falsch und dümmlich schon deshalb, weil das logische Gegenteil von rational nicht emotional ist, sondern irrational, und jenes von emotional ist unemotional oder nicht-emotional oder gefühlsfrei.

Ich bestreite weder die Existenz von Emotionen noch ihre Wichtigkeit noch ihre Wirkung. Es ist auch richtig, daß Verstandesleistungen immer in einem Kontext von Emotionen stattfinden und Denkvorgänge von Emotionen begleitet sind. Die reine Vernunft gibt es nicht; und die sie vertretende Philosophie des reinen Rationalismus hat immensen Schaden angerichtet.

Bei allen Mängeln, die der Verstand des Menschen im allgemeinen hat, die beim einzelnen in besonderem Maße limitierend sein mögen, gibt es dennoch keinen überzeugenden Nachweis dafür, daß Emotionen im Zusammenhang mit dem Verstehen komplexer Systeme, den darin erforderlichen Entscheidungen und ihrem Management den Verstand ersetzen oder auch nur ergänzen könnten. Die gegenteilige Meinung beruht meines Erachtens auf einer Illusion oder auf mangelhaften Kenntnissen über den Forschungsstand.

Aus der Allgegenwärtigkeit und immensen Wirkung von Emotionen darf nicht auf ihre Zuverlässigkeit als Orientierungs- und Navigationshilfe geschlossen werden. Gefühle mit ihrem Sitz in einer evolutionsgeschichtlich sehr alten Region des Gehirns, dem sogenannten limbischen System, mögen zuverlässig gewesen sein in der Umgebung, in der diese Gehirnformation sich entwickelte. Weswegen das heute, in einer völlig anderen Umwelt, noch immer so sein sollte, bleiben die Vertreter dieser »Theorie« zu erklären schuldig. Könnte es sein, dass sie in Wahrheit so unzuverlässig sind, dass sich jene Organismen höherentwickelt und überlebt haben, deren Evolution mit wachsender Komplexität ihres Umfeldes ein Großhirn mit seinen Vernunft- und Verstandesfähigkeiten entstehen ließ, das die Mängel des limbischen Systems korrigieren kann?[13]

Fragen dieser Art verhindern nicht, daß Bücher, die »limbisches Denken« (ein Widerspruch in sich) für Manager empfehlen, gerne gekauft und teilweise begeistert aufgenommen werden. Die in solchen Büchern aufgestellte Behauptung, daß viele Entscheidungen im Management aus dem »Bauch« getroffen würden, stimmt zwar, aber es wird übersehen, daß es oft falsche Entscheidungen sind.

Daß leider Gehirnforscher[14] dann auch noch positive Urteile über solche Bücher abgeben, kann nur in die Kategorie der Peinlichkeiten eingeordnet werden. Es ist auch ein Anlaß, den Schustern das Sprichwort vom eigenen Leisten ins Gedächtnis zu rufen.

Erfolgreiche Unternehmensführung hat zwei Fundamente: persönliches Vorbild der Unternehmensspitze und die richtigen Personalentscheidungen. Beide sind unerläßlich; beide vertragen keine Kompromisse. Die Personalentscheidungen sind das ultimative Mittel der Führung einer Organisation. Raffinierte Methoden sind dafür nicht nötig, obwohl gerade diese viele faszinieren. Man erkennt daran die Dilettanten. Erforderlich sind Gewissenhaftigkeit und die strikte Einhaltung einiger Grundsätze. Selten zuvor wurden die Risiken falscher Personalentscheidungen so klar erkennbar wie durch die Fehlentscheidungen der 1990er Jahre.

Der erster Grundsatz lautet: Niemand ist ein Menschenkenner.

Auch wenn das viele nicht wahrhaben wollen: Die wirklich erfahrenen Leute verlassen sich nicht auf ihre Menschenkenntnis, auch wenn sie noch so viel davon zu haben glauben. Intuition und erste Eindrücke sind schlechte Ratgeber. Das mit Personalentscheidungen verbundene Risiko ist ihnen zu groß, um sie auf der Basis subjektiver Gewißheit zu treffen.

Der zweite Grundsatz betrifft die Korrektur falscher Personalentscheide. Für jeden Versager in einer Position gibt es jemanden, der ihn dorthin befördert hat. Dieser, und nicht der eingestellte Mitarbeiter, hat die Verantwortung zu tragen und die Entscheidung zu korrigieren. Das berühmte »Peter-Prinzip«, wonach jeder Mensch bis zur Stufe seiner Inkompetenz befördert wird, ist nur eine bequeme Ausrede für mangelnde Sorgfalt.

Der dritte Grundsatz: Die schnelle Personalentscheidung ist fast immer eine falsche Entscheidung.

Wegen der Wichtigkeit dieser Entscheidungen, wegen ihrer Langfristigkeit und präjudiziellen sowie Signalwirkung müssen Personalentscheide – insbesondere für die Spitzenpositionen – mit aller nur denkbaren und von Menschen aufzubringenden Sorgfalt, Gewissenhaftigkeit und Gründlichkeit getroffen werden. Das benötigt seine Zeit, und man muß sie sich nehmen.

Das vierte Prinzip lautet: Gib nie einer Person, die neu ist, eine für das Unternehmen neue und kritische Aufgabe.

Mit neuen und wichtigen Aufgaben darf man nur Menschen beauftragen, die man schon kennt und daher einschätzen kann. Personen, die man noch nicht kennt, müssen mit bekannten Aufgaben betraut werden. Ein Verstoß gegen diesen Grundsatz bedeutet, daß man sich eine Gleichung mit zwei Unbekannten stellt und damit unkalkulierbare Risiken eingeht. Im allgemeinen kann dieser Grundsatz eingehalten werden. An seine Grenzen stößt man bei der Besetzung von Spitzenpositionen von außen. In der Regel ist das daher eine der riskantesten Situationen, die man, wenn immer möglich, vermeiden sollte.

Der fünfte Grundsatz lautet: Es gibt keine Universalgenies.

Besonders bei hohen Positionen neigt man dazu, in eine Falle spezieller Art zu tappen: die Falle des Universalgenies. Man sucht nach dem »Multitalent« und dem »Alleskönner«. Das Universalgenie ist eine Fiktion, eine Legende, die Hauptfigur auf der Bühne schlechter Managementlehren. Man kann es zwar beschreiben, aber man wird es nicht finden. Dies einsehend, laufen viele in eine andere, gegensätzliche Falle: Sie wählen Leute aus, die die geringsten Schwächen haben, sie suchen die »abgerundete Persönlichkeit«. Während der eine Fehler zur Suche nach dem Unmöglichen führt, gelangt man durch den zweiten in die Falle der Mittelmäßigkeit.

Das Geheimnis jeder erfolgreichen Organisation sind weder »Universalgenies« noch »abgerundete Persönlichkeiten«, sondern es sind Menschen mit genau jenen Stärken, die das Unternehmen in der speziellen Situation für den Erfolg braucht. Wenn ein Unternehmen vor einer Innovationsphase steht, braucht man Leute, die ihre Stärken in der Innovation haben. In einer Turnaround-Situation benötigt man andere Stärken und Fähigkeiten.

Stärken treten mit naturgesetzlicher Zwangsläufigkeit im Verbund mit Schwächen auf. Erfahrene und erfolgreiche

Führungskräfte wissen das. Daher setzen sie auf die Stärken, und sie nehmen Schwächen, oft große und viele, in Kauf. Sie können sie nicht beseitigen, aber sie machen sie durch die Ergebnisse, die mit den Stärken erzielt werden, bedeutungslos.

Der Grundsatz der Konzentration ist überall wichtig. Im Management ist seine Bedeutung deshalb besonders groß, weil kein anderer Beruf so stark und systematisch den Gefahren der Verzettelung und Zersplitterung der Kräfte ausgesetzt ist.

Diese Gefahren gibt es zwar auch in anderen Tätigkeitsbereichen. Aber nirgendwo sind sie so institutionalisiert wie im Management, so »hoffähig« und so sehr mißverstanden als Zeichen besonderer Dynamik und Leistungsfähigkeit. Umgekehrt ist nichts so typisch für Wirksamkeit wie die Fähigkeit, die Kunst oder besser die Disziplin, sich zu konzentrieren.

Das Wort »Konzentration« allein genügt aber noch nicht; es kann noch immer mißverstanden werden, und deshalb muß es unter den »gefährlichen Wörtern« erscheinen: Das Wesentliche ist, sich auf Weniges zu beschränken, auf eine kleine Zahl von sorgfältig ausgesuchten Schwerpunkten, wenn man an Wirkung und Erfolg interessiert ist. Die Auswahl der Prioritäten erfordert Sorgfalt, Gewissenhaftigkeit, gründliches Durchdenken der Situation – und praktische Erfahrung. Mehr ist kaum erforderlich; vor allem ist keine einzige der von der Management-»Schickeria« so gerne vollmundig verlangten außergewöhnlichen Eigenschaften und Fähigkeiten nötig.

Gelegentlich wird eingewendet, das Prinzip der Konzentration sei dort, wo man es mit komplexen und vernetzten Situationen zu tun hat, nicht anwendbar.

Das genaue Gegenteil ist der Fall. Gerade weil vieles so komplex, vernetzt und interaktiv ist, ist dieser Grundsatz überhaupt erst wichtig. Er war es früher ja nicht – aus dem schlichten Grund, weil er in einfachen Situationen gar nicht gebraucht wird. Dort gibt es kaum Ablenkung, der Grundsatz ist automatisch erfüllt. Weder der Bauer auf dem Feld noch der Arbeiter im Stahlwerk noch der Steinmetz zur Zeit der Gotik ist je den Versuchungen der Verzettelung ausgesetzt gewesen, die für eine Managementposition, und besonders für die höheren, charakteristisch sind.

Die Sachlage ist recht klar: Man kann sich zwar mit vielen verschiedenen Dingen, sogar gleichzeitig, *beschäftigen.* Aber man kann nicht auf vielen verschiedenen Gebieten *erfolgreich* sein. Man muß somit unterscheiden zwischen Arbeit und Leistung, zwischen Beschäftigung und Erfolg.

Wo immer man Wirkung, Erfolg und Ergebnis sehen kann, kann man – von Zufällen und Glück abgesehen – auch beobachten, daß der Grundsatz der Konzentration auf weniges eingehalten wurde. Fast alle Menschen, die in irgendeiner Weise durch ihre Leistungen bekannt oder gar berühmt geworden sind, haben sich auf eine Sache, auf eine Aufgabe, auf ein Problem konzentriert. Das ging und geht oft bis zur Besessenheit und manchmal an die Grenze des Krankhaften, was ich nicht empfehle. Immer gilt aber: Konzentration auf eine Sache oder auf wenige Dinge ist der Schlüssel zum Ergebnis. Es ist der Schlüssel schon zum gewöhnlichen Ergebnis; ausnahmslos und ohne Kompromiß gilt das für das herausragende, außergewöhnliche Ergebnis, für die Spitzenleistung.

Die Wichtigkeit dieses Prinzips bestätigen viele Menschen aus ganz verschiedenen Gebieten, wie Albert Einstein und Martin Luther, Bertold Brecht und Auguste Renoir, Johann Strauß und Ludwig Wittgenstein, Thomas Mann und Jean Jaques Rousseau

Besonders lehrreich sind die Beispiele von Menschen, die wirksam und erfolgreich waren, obwohl sie unter besonders erschwerten Bedingungen wie Krankheit, Behinderung oder Überlastung arbeiten mußten. Ohne Ausnahme zeigt sich, daß der Grund für ihren Erfolg in konzentriertem Arbeiten lag, zu dem sie durch die Umstände gezwungen waren. Einer der bemerkenswertesten und gut dokumentierten Fälle ist Harry Hopkins, der als engster persönlicher Berater und Beauftragter von US-Präsident Franklin D. Roosevelt während der Zeit des Zweiten Weltkrieges die Graue Eminenz in Washington war. Trotz schwerster Krankheit und schließlich vom Tode gezeichnet hat er durch strikte Konzentration auf die wirklich wichtigen Angelegenheiten und konsequente Abwehr aller zweitrangigen Dinge so viel erreicht, wie kaum ein anderer – so viel, daß Churchill ihn als »The Lord of the Heart of the Matter« bezeichnete.

132 In der einigermaßen gut dokumentierten Geschichte gibt es nur zwei Personen, die vieles Verschiedenes und teilweise gleichzeitig angepackt haben und dennoch erfolgreich waren oder jedenfalls so angesehen werden: Es sind Leonardo da Vinci und Johann Wolfgang von Goethe. Und in beiden Fällen spricht vieles dafür, daß sie sich im Grunde verzettelten und viel mehr und Größeres hätten erreichen können, wenn auch sie sich etwas beschränkt hätten. Daß sie dennoch ein großes Werk hinterlassen haben, ist ihrer unbestrittenen Ausnahmebegabung zuzuschreiben. Welcher Manager kann aber von sich schon guten Gewissens sagen, daß er in die Nähe von Leonardo oder Goethe kommt ...?

Es ist bemerkenswert, mit welcher Naivität und Blindheit in den letzten Jahren amerikanische Managementvorstellungen übernommen wurden. Das Argument war, wie bereits erwähnt, immer gleich: Weil die US-Wirtschaft so erfolgreich ist, muß auch das US-Management gut sein. Managen wir also wie die Amerikaner, dann wird es auch unserer Wirtschaft gut gehen. Damit wurden die Tore für ein Trojanisches Pferd geöffnet.

Wer skeptisch war und geprüft hat, kam früh zum Ergebnis, daß das vielgepriesene und naiv bestaunte amerikanische Wirtschaftswunder nie stattgefunden hat. Es war ein Medienereignis und sonst nichts.

Erstens, die amerikanischen Wachstumsraten sind schon in ihrer offiziellen Version keineswegs größer als in früheren Perioden, wie ein Vergleich seit dem Zweiten Weltkrieg beweist. Dazu kommt aber, daß sie durch zwei Effekte künstlich erhöht wurden: durch die Finanzblase und – gravierender – durch den statistischen Effekt des sogenannten »Hedonic Price Indexing«. Niemand sonst rechnet zwar so; aber alle bestaunten die US-Wachstumsraten.

Zweitens, es gab nie ein Produktivitätswunder, außer in dem kleinen Segment der Herstellung von Computern. Robert Gordon von der Northwestern University in Chicago, einer der wenigen klarsichtigen Analytiker der publizierten Produktivitätszahlen, hat gezeigt, das es nie quantitative Evidenz für die Behauptungen steigender Produktivität gab. Nur gewisse Beratungsunternehmen, die sich schon in anderen Fragen massiv getäuscht haben, glauben an das Märchen von der überlegenen Produktivitätssteigerung in der amerikanischen Wirtschaft.

Drittens, die amerikanischen Gewinne waren keine Folge realer Wirtschaftsleistung, sondern kreativer Buchhaltung – zum Schluß bis zur Fälschung von Bilanzen. Darum brechen sie jetzt auch zusammen. Sie sind erstens durch falsche Verbuchung von Stock Options einschließlich der daraus resultierenden Steuervorteile entstanden, zweitens durch Aktivierung statt Abschreibung von Software-Aufwand, drittens durch die mit den Stock Options verbundenen tiefen Löhne und viertens durch Finanzmarktmanöver, wie etwa die Aktienrückkaufprogramme.

Viertens, nicht nur wurden keine echten Gewinne erzielt, sondern es wurden auch keine echten Investitionen getätigt. Nur daraus hätte echte Produktivitätssteigerung kommen können. Der Kapitalstock befindet sich auf dem Niveau der sechziger Jahre. Die Sparquote ist von rund 10 Prozent Ende der 1980er auf unter Null Ende der 1990er Jahre gesunken.

Fünftens, die Börsenhausse war nie auf echte Wertschöpfung gestützt, sondern auf Desinformation durch die Wallstreet-Industrie und die exorbitante Verschuldung aller amerikanischen Wirtschaftssegmente, zuletzt mit einem Faktor von eins zu drei. Für jeden Dollar zusätzliches Sozialprodukt waren rund drei Dollar zusätzliche Schulden erforderlich.

Sechstens, es gab auch nie das vielgepriesene amerikanische Haushaltswunder. Die öffentliche Verschuldung Amerikas steigt nach wie vor und ist heute höher als zu jedem früheren Zeitpunkt, was man täglich im Internet nachschauen kann.

Die amerikanischen Wirtschaftszahlen der letzten Jahre sind falsch oder wurden falsch interpretiert und medienmäßig propagiert. Das Handeln der Menschen ist damit in eine falsche Richtung gesteuert worden. Die Folge ist eine massive Fehlallokation der Resourcen. Dies führt jetzt, nachdem sich auch die Illusion des ewigen Booms als falsch erweist, zu massiven Korrekturnotwendigkeiten, deren Vollzug viel Zeit beanspruchen wird.

Die Meinung, daß die amerikanische Wirtschaft so erfolgreich sei wegen ihres besonders guten Managements und ihrer fortschrittlichen Corporate Governance ist falsch. Und die naive Nachahmung amerikanischer Denkweisen und Methoden in Europa und Asien ist gefährlich.

Weniges ist von selbsternannten Experten je so falsch beurteilt worden wie die sogenannte New Economy. Und weniges wird regelmäßig krasser mißverstanden und mißbraucht als finanzielle Kennziffern. Aus zeitlichem Abstand wird die zweite Hälfte der 1990er Jahre als eine Phase kollektiver Irrwege in Kernfragen der Unternehmensführung beurteilt werden. Vor dieser Zeit gab es kaum Probleme mit der Frage nach dem Unternehmenserfolg. Es war zumindest unter Fachleuten klar, was darunter zu verstehen war. Heute ist »Unternehmenserfolg« eines der gefährlichen Wörter. Bilanzskandale, Einkommensexzesse und allgemeine wirtschaftliche Irreführung wurden auch durch einen verkommenen Begriff des Unternehmenserfolges hervorgerufen.

Turbulente Zeiten erfordern klare, aussagekräftige und moderesistente Maßstäbe. Was ist ein gutes Geschäft? Wann ist ein Unternehmen gesund? Woran können Erfolg oder Mißerfolg zuverlässig abgelesen werden? Je stärker finanzwirtschaftliche Faktoren im Vordergrund stehen, um so wichtiger wird eine umfassende Beurteilung.

Es gibt sechs Schlüsselgrößen des Unternehmenserfolges. Nur wenn man sie gemeinsam und über einen längeren Zeitraum kennt, kann man ein Urteil über den Zustand eines Unternehmens treffen – dann aber präzise und zuverlässig. Zusammen bilden diese Meßgrößen das »Cockpit«

des Managers. Sie sind gleichzeitig die Kernfaktoren jeder Unternehmensstrategie.

Der erste Maßstab ist die *Marktstellung* des Unternehmens, und zwar bezogen auf jedes seiner Geschäftsgebiete. Leider gibt es keine einzelne Kennziffer, die für sich und allein die Marktstellung hinreichend darzustellen erlaubt. Meistens wird der Marktanteil verwendet. Aber was ist das? Ist er geographisch definiert oder nach Kundengruppen, nach Absatzkanälen oder Verwendungszwecken, nach direkten Kunden oder Endverbrauchern? Kennt man die Marktanteile substituierender Produkte? Wie sieht es aus mit Qualität und Kundennutzen, mit Bekanntheitsgrad und Image? Jedes Unternehmen muß für sich durchdenken, welche Faktoren seine Markstellung ausreichend beschreiben und muß Kennziffern dafür entwickeln. Die ständige Verbesserung der Marktstellung als Ganzes, und nicht nur der Marktanteile, muß Kernstück jeder Unternehmensstrategie sein. Damit kann man praktisch keinen Fehler machen.

Der zweite Maßstab ist die *Innovationsleistung*. Unternehmen, die aufhören zu innovieren, sind kaum korrigierbar auf der schiefen Bahn. Typische, aber keineswegs die einzigen Kennziffern für die Innovationsleistung sind Time to market, Erfolgs- versus Mißerfolgsrate und Umsatzanteil neuer Produkte. Aber auch nach innen gerichtete Innovation gehört hierher: die fortgesetzte Erneuerung von Systemen und Prozessen, Methoden und Praktiken, Strukturen und Technologien. Ähnlich wie bei der Marktstellung muß jedes

 Unternehmen die für seine individuelle Situation relevanten Innovationsfelder durchdenken und dafür geeignete Kennziffern bestimmen und verfolgen. Nachlassende Innovationskraft ist ein Warnsignal erster Ordnung. Man kann sie erkennen, lange bevor ihre Folgen in den Instrumenten des Rechnungswesens sichtbar werden. Ständige Erneuerung muß daher ein Standardkapitel der Unternehmensstrategie sein.

Das dritte Feld ist die *Produktivität,* oder besser die Produktivitäten. Bisher genügte es für die meisten Fälle, eine Produktivität zu messen, jene der Arbeit. Heute braucht man mindestens drei Kennziffern: die Produktivität der Arbeit, des Kapitals und der Zeit; und man ist gut beraten, schon jetzt eine vierte ins Auge zu fassen, die Produktivität des Wissens, auch wenn noch niemand sagen kann, wie diese zu definieren ist. Produktivitäten sind nur aussagekräftig, wenn sie in der Dimension der Wertschöpfung ausgedrückt werden, also Wertschöpfung pro Mitarbeiter (Arbeitsproduktivität), Wertschöpfung pro investierter Geldeinheit (Kapitalproduktivität) und Wertschöpfung pro Zeiteinheit. Nicht jedes Unternehmen kann ständig wachsen, aber jedes kann ständig besser, im Sinne von produktiver, werden. Bis heute zeichnen sich Grenzen der Produktivitätsverbessserung nicht ab.

Der vierte Erfolgsmaßstab ist die *Attraktivität* für gute Leute. Nicht wie viele Mitarbeiter das Unternehmen verlassen oder eintreten (die Fluktuationsrate), ist entscheidend, sondern welche. Wenn gute Leute beginnen, das »Schiff« zu verlassen, oder das Unternehmen Schwierigkeiten hat, solche zu rekrutieren, ist größte Aufmerksamkeit geboten. Die Kündigung guter Mitarbeiter – egal welcher Ebene – muß zur Chefsache gemacht werden. In den Austrittsgesprächen mit ihnen, denn aufhalten kann man sie meistens ohnehin nicht, erfährt man, wenn man wirklich will, die wichtigsten Wahrheiten, über die man sonst keine Kenntnis erlangt. Erosionserscheinungen auf diesem Gebiet sind durch ein noch so gut entwickeltes Rechnungswesen nicht zu entdecken. Sie sind auch in sonstigen Daten- und Informationsbanken nicht enthalten, weder im Inter- noch im Intranet.

Der fünfte Maßstab ist die *Liquidität.* Es ist eine alte Wahrheit, daß ein Unternehmen relativ lange ohne Gewinn auskommen kann, aber nie ohne Liquidität. Gewinnsteigerungen zu Lasten der Liquidität sind gefährlich, beispielsweise wenn höhere Margen durch längere Zahlungsziele erkauft werden. In einem Gewinnengpaß macht ein Unternehmen in der Regel das Richtige: Es trennt sich von den schlechten Geschäften. In einem Liquiditätsengpaß muß man aber fast immer das Falsche tun: Man muß sich von den besten Geschäften trennen, denn nur diese können zeitgerecht und teuer genug verkauft werden.

Der sechste Maßstab ist das *Gewinnerfordernis* des Unternehmens, das aber nur selten am Gewinn als solchem abgelesen werden kann, ja überhaupt nicht an finanzwirtschaftlichen

 Größen, wie sie das Rechnungswesen ausweist. Es ergibt sich als Antwort auf eine Frage und nicht als Ergebnis von Berechnungen. Das ist die Konsequenz der Tatsache, daß es in Wahrheit so etwas wie Gewinn gar nicht gibt. Was es gibt, sind Kosten. Kosten des heutigen Geschäftes und jene Kosten, die nötig sind, um im Geschäft zu bleiben. Wenn schon Gewinn, dann darf man sich nicht an der Vorstellung eines Gewinnmaximums orientieren. Die Schlüsselfrage muß lauten: Welches Minimum an Gewinn benötigen wir, um auch morgen noch im Geschäft zu sein? Diese Frage ist keineswegs Folge einer minimalistischen Haltung. Fast immer wird man feststellen, daß das so verstandene Minimum deutlich oberhalb jener Werte liegt, die die meisten Leute als ein Maximum zu akzeptieren bereit sind.

Einer der stärksten Motivatoren ist Lob. Das muß nicht lange erklärt werden und findet breite Zustimmung. Genau darin liegt aber auch die Gefahr des Mißbrauchs von Lob. Lob motiviert nur dann, wenn es Gewicht hat, und wenn es von jemandem kommt, den man respektiert.

Ich halte es daher für falsch, täglich zu loben, wie es eine gewisse, stark amerikanisch beeinflußte Pädagogik fordert und wie es in populären Motivations- und Erfolgsbüchern steht. Lob ist nicht nur der stärkste Motivator, sondern auch jener, der sich am raschesten abnutzt, wenn er falsch eingesetzt wird.

Zwar nicht alle, aber doch viele Menschen haben ein feines Gespür dafür, ob sie zu Recht oder zu Unrecht gelobt werden. Sie wissen, daß sie nicht jeden Tag lobenswerte Leistungen erbringen, und sie wissen auch, daß die Normalleistung keines besonderen Lobes bedarf. Das Gespür dafür ist schon bei Schulkindern festzustellen.

Setzt ein Vorgesetzter Lob nach der Manier sogenannter moderner Pädagogik oder nach den Vorschlägen der Erfolgsrezeptbücher ein, empfinden diese Menschen es daher als manipulativ, beinahe sogar als ein Dressurmittel. Kaum etwas ist entwürdigender, als Gegenstand von Konditionierung zu sein.

Es gibt daher nur eine richtige Maxime: Sei sparsam mit Lob! Und lobe nicht für Selbstverständlichkeiten!

Für die gewöhnliche Leistung, für jene, für die man sich in einem Arbeitsvertrag verpflichtet hat und für die man bezahlt wird, erwarten die Menschen im allgemeinen kein Lob. Daß man ein gelegentliches positives Wort dennoch gerne hört, sei zugegeben. Kein normaler Mensch wird aber wegen des Ausbleibens eines solchen netten Wortes ein Problem haben. Lob ist angebracht und nötig für die wirklich besondere Leistung, für das, was Menschen über ihre Verpflichtungen hinaus tun, und für den besonderen Erfolg.

Es gibt allerdings auch andere Menschen; solche, die tatsächlich jeden Tag Lob brauchen, denen das Gespür dafür fehlt, ob sie besondere Anerkennung verdient haben oder nicht. Diese dürfen aber nicht der Maßstab für das Loben sein, sie bedeuten vielmehr ein ernsthaftes Problem für jede Organisation. Sie machen Führung und Leistung letztlich unmöglich, sie belasten das Betriebsklima, sie sind ein Problem für alle anderen Leute, vor allem ein Problem in Zusammenhang mit gerechter Behandlung von Menschen. Im Grunde sind sie eine ständige personifizierte Forderung nach privilegierter Behandlung. Das kann auf die Dauer keine Organisation aushalten, und man sollte sich daher nicht an solchen Mitarbeitern orientieren.

Es nutzt das stärkste Motivationsmittel in kürzester Zeit ab und führt im Kern zu einer infantilisierten Organisation.

Anstelle der mehr und mehr als irreführend erkannten Begriffe der finanzwirtschaftlichen Szene der letzten Jahre wird jetzt immer öfter der Begriff der »Nachhaltigkeit« verwendet. Das ist ein Fortschritt, weil damit die Vorstellung von Dauerhaftigkeit, Langfristigkeit und Kontinuität verbunden ist. Es ist das Gegenteil von kurzfristigen, auf schnelle Finanzgewinne gerichteten Verhaltens.

Dennoch hat dieser Begriff seine gefährlichen Seiten oder jedenfalls seine Nachteile. Weil er immer häufiger verwendet wird und zur Mode zu werden droht, will ich auf seine Risiken hinweisen.

Der Begriff wird besonders häufig in einem ökologischen Zusammenhang verwendet und ist dann mit der Vorstellung des schonenden Umganges mit Ressourcen verbunden oder allgemein damit, einen Zustand, eine Verhaltensweise, eine Form des Wirtschaftens auf Dauer aufrechterhalten zu können. Es dominiert die Vorstellung der Stabilität.

So wichtig das ist: Unternehmen und die meisten anderen Institutionen der Gesellschaft müssen mehr können. Sie müssen fähig sein, sich an gänzlich unvorhergesehene Entwicklungen immer wieder neu anzupassen, an Zustände und Ereignisse, die niemand vorhersieht, weil sie gar nicht vorhersehbar sind.

In der Kybernetik spricht man im Falle von Nachhaltigkeit, wie schon erwähnt, von Stabilität. Was aber nötig ist, ist die Fähigkeit, immer wieder neue stabile Zustände herbeizuführen. Es braucht über Stabilität hinausgehende sogenannte Ultra- und Polystabilität.

Nachhaltigkeit (Sustainability) ist ein Fortschritt. Der konsequente nächste Schritt muß aber Lebensfähigkeit (Viability) sein.

Viability ist die Fähigkeit, seine Funktionsfähigkeit zeitlich unbegrenzt aufrechtzuerhalten. Um es zu illustrieren: Wenn die eine Ressource aufgebraucht ist, muß ein System in der Lage sein, auf eine andere Ressource umzustellen. Es muß sich beizeiten darauf vorbereiten und einstellen, den Ressourcen-Wechsel zu vollziehen. Dasselbe gilt für den Umstieg von einer Technik auf eine andere, substituierende, von einer Produktionsweise auf eine andere, neuere, bessere und von einem Absatzkanal auf einen neuen, ergiebigeren und aktuelleren. Es ist die Fähigkeit zur Evolution.

Für Lebensfähigkeit gibt es eine hochentwickelte Theorie aus dem Gebiet der Managementkybernetik und ein daraus entstandenes Modell, das Modell lebensfähiger Systeme (Viable System Model), des im August 2002 verstorbenen Management-Kybernetikers Stafford Beer.[15]

Darf man Fehler machen? Manager, auch hochrangige, berichten regelmäßig mit sichtbarem Stolz, daß man in ihrer Firma Fehler machen dürfe. Sie tun es in der offenkundigen Überzeugung, daß das ein Beweis besonderer Fortschrittlichkeit sei.

Früher habe ich über dieses Thema viel diskutiert. Heute beschränke ich mich auf ein paar Fragen: Würden Sie in ein Flugzeug steigen, wenn sie wüßten, daß diese Fluggesellschaft stolz auf die Fehler ihrer Piloten ist? Würden Sie Ihre Frau, Ihre Kinder oder Eltern in ein Krankenhaus bringen, in dessen Leitbild steht, daß man Fehler machen darf? Und würden Sie die Medikamente eines Pharmaunternehmens kaufen, das das Fehlermachen hochhält?

Die Antwort darauf, wie könnte es anders sein, ist immer: »Ja, so habe ich das nicht gemeint ...« Nun, wie denn dann? Es ist bemerkenswert, wieviel Unsinn sich in die Managementlehre einschleichen konnte und wie unkritisch Führungskräfte sein können – immerhin Leute, denen volkswirtschaftliche Ressourcen und das Schicksal von Menschen anvertraut sind.

Manche kommen sich weise vor, wenn sie differenzieren: Fehler darf man machen, aber nie denselben zweimal. Das ist, zugegeben, schon besser. Aber es genügt noch immer nicht. Es gibt Fehler, die man überhaupt nicht machen darf, auch nicht ein einziges Mal. Wie oft darf ein Apotheker ein falsches Medikament aushändigen?

Dann wird eine andere Variante bemüht: Fehler darf man machen, aber man muß aus ihnen lernen. Auch das kann man nicht gelten lassen. Es nutzt dem Patienten wenig, wenn eine Krankenschwester aus ihrem Fehler lernt, nachdem er aufgrund einer von ihr verwechselten Spritze gestorben ist.

Daß Fehler vorkommen, daß sie auch bei bestem Management passieren, ist eine Tatsache, mit der man leben muß. Daraus aber einen Freibrief für Fehler abzuleiten, darauf stolz zu sein und das als besonderen Managementfortschritt zu propagieren, ist gefährlich.

Die Maxime, die im Management zu gelten hat, lautet: Fehler darf man nicht machen. Und das ist die Basis, von der prinzipiell auszugehen ist.

Erst wenn dieser Grundsatz akzeptiert ist, kann sinnvoll differenziert werden: Zum Beispiel muß in einem Unternehmen experimentiert werden können, und dabei passieren Fehler. Das hat aber mit »Fehler machen dürfen« im vorherigen Sinne nichts zu tun. Man experimentiert unter kontrollierten Bedingungen so, daß Fehler keine schwerwiegenden Konsequenzen haben können. Ebenso ist klar, daß Fehler bei Anfängern in Kauf zu nehmen sind, dort, wo Leute ausgebildet und eingearbeitet werden, wo Erfahrungen zu machen sind. Aber auch das geschieht in aller Regel abgesondert vom laufenden Geschäft, unter Aufsicht und Anleitung, bis man einigermaßen sicher sein kann, daß eben keine Fehler mehr passieren. Gerade das ist der Zweck von Ausbildung.

Kritisch gegen die hier vertretene Auffassung wird manchmal vorgebracht, daß es Organisationen gebe, in denen die Leute überhaupt nichts mehr tun, aus lauter Angst, Fehler zu machen. Das ist richtig, es gibt solche Organisationen. Ich bin in meiner Beraterpraxis solchen Fällen immer wieder begegnet. Daß das kranke Organisationen sind, braucht nicht speziell betont zu werden.

Es gibt mehrere Gründe, die zu einer solchen Entwicklung führen können, darunter schwere Führungsfehler gerade im Umgang mit Fehlern. Dennoch besteht die Lösung in keinem Falle darin, plötzlich zu predigen, man dürfe nun Fehler machen.

In allen Berufen einer modernen Gesellschaft dürfen Fehler *nicht* vorkommen. Es gilt für Herzchirurgen, Wirtschaftsprüfer und Piloten. Warum sollte es für Manager und ihre Mitarbeiter nicht gelten? Nur eine bestimmte Sorte von scheinbar modernen, in Wahrheit aber einfach dummen Managementgurus glaubt offenbar, daß das für sie nicht gelte, daß sie sich die Sorglosigkeit ihrer kindlichen Sandkastenphase ein Leben lang leisten könnten. Sie scheinen in einer Welt zu leben, in der es weder Professionalismus noch

Sorgfaltspflicht gibt. Sie scheinen noch nichts von Haftung und Schadenersatz gehört zu haben. Und leider gibt es Manager, denen es entweder an Verstand oder an Zivilcourage fehlt, solchen Leuten das Handwerk zu legen. Ja, schlimmer, sie machen diesen Unfug nach und führen ihn in ihren Unternehmen ein.

Fehler darf man nicht machen. Das muß die Grundlage sein. Von hier aus kann man den Grundsatz mit Augenmaß zu lockern beginnen: Wann, wo, von wem und unter welchen Umständen dürfen Fehler gemacht werden und welche dürfen überhaupt nicht vorkommen? Alles andere ist der Ersatz von verantwortungsbewußtem Management durch Mode und Einfalt.

Die Exzesse und Skandale auf der Topmanagement-Ebene haben dazu geführt, dass das Wort »Topmanagement« selbst in Verruf geraten ist. Bildlich gesprochen, wird es nur noch mit »spitzen Fingern« angefaßt. Das ist eine gefährliche Entwicklung, denn kaum etwas ist wichtiger als eine funktionierende Unternehmensspitze.

Die Arbeit der Unternehmensspitze ist in der Regel schon in kleinen, erst recht in großen Unternehmen so komplex, daß die Fähigkeiten selbst hochqualifizierter einzelner Personen nicht ausreichen. Die Arbeit im Topmanagement ist daher fast immer Teamarbeit. Aus diesem Grund ist das aus den USA als vermeintlicher Fortschritt eingeführte CEO-Prinzip tatsächlich ein gefährlicher Rückschritt.

Funktionierende exekutive Topmanagement-Teams sind, entgegen der Zeitgeistmeinung, nicht durch spezielle Gefühlsdimensionen geprägt, auch nicht durch die vielbeschworenen »Kulturen« und nicht die regelmäßig geforderte »Chemie«. Das Geheimnis wirksamer Spitzenteams ist die Einhaltung von Grundsätzen und Regeln, auf die man sich geeinigt hat. Wo immer man ein Versagen eines Topmanagement-Teams genauer untersucht, zeigt sich, daß eine der wesentlichen und häufigen Ursachen in der Unkenntnis dieser Tatsache liegt.

Erster Grundsatz ist, daß die *Aufgaben* des Exekutivteams klar sein müssen. Ein Team ist weder ein Ort der Selbstverwirklichung noch ein solcher des demokratischen Konsensdiskurses, wie manche das formulieren. Teams braucht man dort, wo Aufgaben zu erfüllen sind, die die Kraft und Fähigkeiten von einzelnen übersteigen. In anderen Fällen können wir uns die Umständlichkeiten ersparen, die mit Teams typischerweise verbunden sind. Klarheit der Aufgaben zu fordern, mag überflüssig oder banal erscheinen. Tatsache ist, daß diese Forderung nur selten erfüllt ist.

Der zweite Grundsatz ist, daß wirksame Teams eine präzise *Arbeitsteilung* haben müssen. Die Aufgaben werden zwar koordiniert erfüllt, aber nicht gemeinsam im engeren Sinne. Jeder erledigt seinen Teil der Aufgabe; alle anderen müssen wissen, welcher das ist, und müssen sich darauf verlassen können. Daher findet man in guten Teams durchdachte und präzise formulierte Geschäftsordnungen, in denen geregelt ist, wer für was zuständig ist.

Der dritte Grundsatz arbeitsfähiger Topteams ist rasch formuliert: Es ist strikte *Disziplin*. Disziplinlosigkeit ist Gift für jede Art von Team, und zwar nicht nur im Management und nicht nur an der Unternehmensspitze. Dort wirkt sich das Fehlen von Disziplin aber am schädlichsten aus. Disziplin umfaßt unter anderem Verzicht auf Personenkult und Eitelkeit, und sie schließt ein, daß persönliche Ziele im Zwei-

fel den Zielen des Unternehmens untergeordnet werden.
So lange die beiden Zielkategorien nicht im Widerspruch stehen, gibt es keine Probleme. Wer ein Unternehmen oder irgendeine andere Organisation als Vehikel für die Erreichung seiner persönlichen Ziele mißbraucht, ist ein Risiko.

Sechs Regeln

Nebst diesen Grundsätzen befolgt man in funktionsfähigen Teams ein paar Regeln.[16] Es sind deren sechs.

Erstens hat jedes Mitglied eines Topmanagement-Teams in seinem Verantwortungsbereich das letzte Wort, spricht für und verpflichtet das ganze Team, und *zweitens,* keiner trifft eine Entscheidung in einem anderen Verantwortungsgebiet. Diese beiden Regeln bedingen und ergänzen sich gegenseitig. Sie schaffen Klarheit und Geschwindigkeit und garantieren Handlungsfähigkeit. Verstöße gegen diese zwei Regeln stiften nicht nur hoffnungslos Konfusion in einer Organisation und paralysieren ihre Effektivität, sondern führen auch unweigerlich zu Machtkämpfen.

Drittens: Bestimmte Entscheidungen müssen dem Team als Ganzes vorbehalten sein. Diese Regel ist die Sicherung gegen den Mißbrauch der ersten beiden Regeln, die ohne ein Korrektiv zur Entstehung »feudaler Fürstentümer« innerhalb einer Organisation führen und über kurz oder lang zum Zerfall des Teams. Schnelligkeit und Handlungsfähigkeit sind wichtig, aber sie müssen in den Dienst des Ganzen gestellt sein. Daher müssen gewisse Entscheidungen die Zustimmung aller erhalten. Typische Fälle sind etwa Akquisitionen und Allianzen, große Innovation oder kritische Personalentscheidungen.

Die *vierte* Regel ist, daß es außerhalb des Teams keinerlei Qualifikation von Teammitgliedern durch andere Mitglieder gibt. Die Mitglieder eines Teams müssen sich nicht mögen. Es darf aber keinerlei Agitation geben. Diese Regel gilt nach außen. Innerhalb eines Teams mag es heftige Auseinandersetzungen geben. Das ist kaum zu vermeiden, wenn es um lebenswichtige und riskante Entscheidungen für das Ganze geht. Nach außen hat man aber zu seinen Kollegen keine Meinung, man qualifiziert sie nicht, nicht einmal durch Lob.

Die *fünfte* Regel: Jedes Teammitglied ist verpflichtet, alle anderen Mitglieder über alles informiert zu halten, was in seinem Verantwortungsbereich vor sich geht. Auch das ist ein Korrektiv zu Regel eins. Wenn schon autonome Entscheidungsbefugnis in jedem Verantwortungsbereich, dann muß es auch volle Information an alle anderen geben.

Sechstens: Ein funktionierendes Team ist entgegen einer weit verbreiteten Auffassung nicht eine Gruppe von Gleichberechtigten und Gleichgestellten, selbst wenn die Rechtsordnung das formal vorsieht. Teams haben nichts mit Demokratie zu tun, sondern mit Wirksamkeit. Jeder einzelne ist Mitglied eines Teams, weil er dort einen bestimmten Beitrag zu leisten hat. Daher haben funktionierende Teams eine innere Struktur, und sie haben auch eine Leitung. Die erste und vornehmste Aufgabe eines Teamleiters im Topmanagement, wie auch immer seine Bezeichnung sein mag, besteht darin, für die strikte Einhaltung der Regeln zu sorgen.

Insofern diese Grundsätze und Regeln eingehalten werden, ist die ständig zitierte »Chemie« weitgehend bedeutungslos. Ist sie in Ordnung, um so besser; wenn nicht, haben wir trotzdem ein funktionsfähiges Team – nicht wegen der »Chemie«, sondern wegen der Regeln. Kein vernünftiger Mensch überläßt eine Organisation den Zufälligkeiten der »Chemie«.

Eine der größten Irreführungen der letzten Jahre im Personalwesen wurde durch den großsprecherischen Slogan vom »War for Talent« eingeleitet. Schon das martialische »War« sollte stutzig machen. Wenn schon Krieg, dann ist es eher ein »War for Performance«, ein Krieg um Leistung.

Inzwischen gibt es kaum eine Präsentation von Personalleuten ohne das Wort »Talent«. Fragt man, was damit gemeint sei, kommen die meisten ins Schleudern und antworten vage: ... irgendeine Begabung ..., jemand, der eben gut ist ...

Ich schlage vor, weitgehend ohne das Wort »Talent« auszukommen. Es lenkt einmal mehr, wie so oft im heutigen Managementverständnis, die Aufmerksamkeit auf das Außergewöhnliche, das Seltene, das Besondere. Im Duden ist unter »Talent« zu lesen: »Anlage zu überdurchschnittlichen geistigen oder körperlichen Fähigkeiten auf einem bestimmten Gebiet; angeborene besondere Begabung.«

Nun bestreite ich nicht, daß es Talente gibt. Ich bestreite aber, daß sie im Management und für den Erfolg eines Unternehmens von wesentlicher Bedeutung sind. Im Management sind nicht Talente, sondern Resultate erforderlich. Jeder kennt genügend Leute, denen man durchaus Talent zuschreiben kann, die es allerdings nie zu etwas gebracht haben. Und man kennt das Gegenteil: Menschen, die kaum eine nennenswerte Begabung haben und dennoch ganz Erstaunliches leisten und erreichen. Wenn man aber schon nicht ohne das Wort »Talent« auskommen will, dann sollte man sich wenigstens auf die *Nutzung* von Talenten konzentrieren, denn nicht das Talent als solches ist wichtig, sondern was man daraus macht.

Ebenso rate ich aufzuhören, von »guten Leuten« zu reden. Es gibt keine guten Leute. Die Frage muß immer lauten: Gut wofür?

Was wir benötigen, ist die Kenntnis der spezifischen *Stärken* einer Person. Stärken sind nicht dasselbe wie Talent. Sie sind viel profaner, konkreter und praktischer. Jene, die mit »Talent« operieren, schwenken in Diskussionen über diesen Punkt dann rasch um und behaupten, mit »Talent« dasselbe zu meinen wie ich mit »Stärke«. Das ist analog zur bereits angesprochenen Verwechslung von Eigentum und Besitz oder Dichte und Masse. Es ist Begriffsjonglieren und Etikettenschwindel statt Klarheit und Präzision.

Ich nehme die Antwort vorweg: Schlechtes Management ist kulturabhängig; gutes ist es kaum.

Der Gedanke, daß die Art von Management abhängig sei von speziellen Kulturaspekten, ist zwar naheliegend und plausibel, aber wie fast überall im Management ist Plausibilität auch hier ein schlechter Wegweiser. Die Idee von der Kulturabhängigkeit, und somit der Schluß auf die Notwendigkeit von inter- und multikulturellem Management, ist bestenfalls eine Halbwahrheit.

Zum Thema »Kulturabhängigkeit« gibt es eine Flut von Publikationen; es werden reichlich Ausbildungsprogramme angeboten, die – wie immer bei Managementmoden – sehr schnell auf dem Markt sind. Grund zur Skepsis ist allein schon die Geschwindigkeit, mit der manche Leute plötzlich als Experten auftreten, von denen man vorher zu diesem Thema nie etwas gehört hat.

Als Folge der verbreiteten, aber häufig bemerkenswert oberflächlichen Befassung mit Unternehmenskultur sind Irrlehren entstanden, die der Managementpraxis schaden. Durch die Globalisierungsdiskussion wurde die Fehlentwicklung noch deutlich verschärft.

Das Grundübel ist, daß einige wichtige Unterscheidungen nicht gemacht werden:

Es wird, erstens, nicht zwischen gutem und schlechtem Management unterschieden. Zweitens wird nicht unterschieden zwischen dem »Was« und dem »Wie« von Management. Drittens gibt es einen Fehlschluß vom geographischen Operationsbereich eines Unternehmens auf die Art seines Managements.

Wenn man gutes Management von schlechtem unterscheidet, wird man schnell feststellen:

- Das »Was« richtiger Führung ist in allen Kulturen sehr ähnlich. Was professionelle Führungskräfte tun, unterscheidet sich kaum. Der Grund dafür ist einfach: Was zu tun ist, ergibt sich zwingend aus den Anforderungen einer funktionierenden Organisation. Deshalb sind diese Manager wirksam, egal welcher Kultur sie angehören.

- »Wie« etwas allerdings getan wird, kann sehr verschieden sein und ist es meistens auch. Unter anderem hängt die Art, wie Aufgaben erfüllt werden, wie Menschen sich verhalten, von ihrer Kultur ab, aber im Falle von Führungskräften keineswegs nur von dieser. Mindestens so prägend sind die Branche und die spezifische Geschäftstätigkeit eines Unternehmens oder auch die besonderen demographischen oder sozialen Gegebenheiten, wie etwa der Bildungsgrad der Menschen.

In jeder gut geführten Organisation – nicht hingegen in den schlecht geführten – findet man zum Beispiel klare Ziele und eine funktionierende Kontrolle, unabhängig davon, ob es sich um eine italienische, spanische oder chinesische Organisation handelt. Wie man zu Zielen kommt und wie man kontrolliert, kann äußerlich in den einzelnen Kulturen Unterschiede aufweisen. Ebenso findet man in gut geführten Organisationen effektive Sitzungen, durchdachte Kommunikationssysteme, effizientes Arbeiten, Leistungsqualifikation und systematische Nachwuchsförderung. Die Erscheinungsformen sind variantenreich; der Zweck ist gleich.

Selbst wenn man Kultur nicht, wie in diesem Beispiel, ethnisch oder national definiert, sondern nach anderen Kriterien, so gilt dasselbe: Ob wissens- oder arbeitsintensive Organisationen, Mode- oder Technikbranchen, Investitions- oder Verbrauchsgüter – das »Was« guten Managements ist gleich; das »Wie« kann verschieden sein.

Die Unterschiede ergeben sich nicht aus der Kultur, sondern aus Besonderheiten von Branche, Produkt und Kunden. Der Begriff der Kultur ist somit nicht so einfach den nationalen oder ethnischen Besonderheiten zuzuordnen, wie man das häufig vorfindet. Wie man sieht, gibt es mehr und andere Dimensionen.

Falsche Erkenntnisse – irreführende Lösungsansätze

Die unzureichende Unterscheidung von »Was« und »Wie« im Management verleitet viele zur Postulierung unterschiedlicher, eben kulturabhängiger Arten von Management. Diese Erklärungsversuche tragen aber weniger zu besserem Verständnis als zur weiteren Konfusion bei.

Zum Teil werden Unterschiedlichkeiten unnötig übertrieben dargestellt; zum Teil liegt es an mangelhafter Beobachtung und fehlenden Kenntnissen über Management, daß man die äußere Form mit der Substanz verwechselt.

Typische Beispiele sind die maßlosen Übertreibungen, die von Mitte der 1980er Jahre bis etwa Mitte der 1990er Jahre in Zusammenhang mit japanischem Management gemacht wurden. Es zeigte sich danach klar, als die Krise Japans für jeden sichtbar wurde, was von echten Kennern Japans immer schon vertreten worden war: daß, erstens, japanisches Management keineswegs kulturbedingt dem westlichen wesensgemäß überlegen ist, wie viele behaupteten, und zweitens, daß die nachhaltig gut funktionierenden japanischen Unternehmen nach sehr ähnlichen Gesichtspunkten geführt werden, wie man das andernorts tut.

Es gibt keinen Grund, großes Aufheben über inter- oder multikulturelles Management zu machen. Selbstverständlich gelten in jedem Land bestimmte Sitten und Gebräuche, die man als Sache elementarer Höflichkeit zu kennen und zu respektieren hat. Das hat aber wenig mit Management zu tun. Ein Minimum an guter Kinderstube, Anstand und Kultiviertheit, die das Ergebnis einer den Namen verdienenden Erziehung ist, muß man von Mitarbeitern und Führungskräften erwarten. Daß man das längst nicht mehr als selbstverständlich voraussetzen darf, im wesentlichen wohl als Folge der stark gewachsenen Zahl von Managern, die eine moderne Gesellschaft braucht, gebe ich gerne zu. Aber deswegen, weil es Leute mit Erziehungsmängeln auch in höheren Positionen gibt, von anderen Arten von Management zu sprechen, scheint mir ein Fehler zu sein.

Eine ähnlich irreführende Auffassung entstand zu »internationalem« Management. Weder dieses noch das Gegenteil, nämlich nationales Management, hat es, wenn man genauer hinsieht, je irgendwo gegeben. Was es hingegen gibt und immer schon gegeben hat, sind Unternehmen mit unterschiedlichen Tätigkeitsprofilen in geographischer Beziehung, also national oder international operierende Unternehmen. Im zweiten Fall sind Kenntnisse der Sprachen, der Sitten und Gebräuchen und der lokalen Verhältnissen selbstverständlich erforderlich. Aber auch das hat weniger mit Management als solchem zu tun, sondern dem speziellen Kontext, in dem Management stattfindet. Es hat mit dem Anwendungsfeld von Management zu tun.

Management ist richtig oder falsch, gut oder schlecht, fähig oder unfähig, aber nicht national oder international, mono- oder multikulturell. Es ist genauso wenig nations- oder kulturabhängig wie richtig ausgeübter Sport.

Entscheidend ist, daß es immer viel mehr Möglichkeiten gibt, etwas falsch zu machen, als es richtig zu tun. Falsches Management hat zahlreiche Erscheinungsformen, weil jeder auf seine Weise falsch handeln kann. Richtiges Management hingegen hat eine geringe Variationsbreite.

Wieder eine Analogie zum Sport: Golf wird überall – wenn man es richtig machen will – gleich gespielt, so wie Tennis oder Schach. Man kann zwar auf viele Weisen Golf *falsch* spielen, aber nur auf eine *richtig*. Die Regeln der Wirksamkeit und Professionalität von Management sind ebenso überall gleich, wie, um ein anderes Beispiel zu wählen, Sprachregeln: Gutes und richtiges Englisch ist rund um die Welt gleich, weil es eben nur eine Art gibt, Englisch richtig und gut zu sprechen. Der Beweis dafür liegt gerade darin, daß es außer in gewissen Bildungsschichten fast überall grammatisch falsch und in Stil und Aussprache schlecht gesprochen wird. Deswegen aber von inter- oder multikulturellem Englisch – oder, im obigen Beispiel, Golf – zu sprechen, kommt weder den Anglisten noch den Golfprofis in den Sinn.

Daraus ergibt sich eine wichtige wirtschaftliche und zeitliche Konsequenz: Es ist nicht notwendig, Mitarbeitern viele verschiedene Arten von Management zu lehren. Es reicht, wenn eine Art gelehrt wird: nämlich richtiges und gutes Management. Das spart nicht nur Zeit und Kosten, das erhöht vor allem die Professionalität um ein Vielfaches, weil nämlich all die Irr- und Umwege vermieden werden.

Die verschiedenen Anwendungsfelder von richtigem Management mögen dann noch Zusatzkenntnisse erfordern, wie eben Fremdsprachen, regionale Geschichtskenntnisse, die Kenntnis von lokalen Sitten und Gebräuchen. Die Basis ist aber das einmal erlernte und fortgesetzt perfektionierte Managementwissen als Folge einer guten Ausbildung, die sich auf die entscheidenden Dinge für Professionalität konzentriert und nicht auf Auffassungen, die auf Oberflächlichkeit und zu häufig einem Mangel an Sachverstand beruhen.

In den Kontext der hier behandelten Begriffe gehört auch »Wert«. Selten zuvor gab es so viel Gebrauch von einem Begriff, und nie, außer in der marxistischen Theorie, wurden Wertfragen als ein so zentraler Begriff des Wirtschaftens angesehen. Ich spreche hier von wirtschaftlichen Werten, nicht von moralischen, ethischen oder künstlerischen.

Man hat ob der intensiven Wertdiskussion und der so häufigen Verwendung des Wortes »Wert« fast vergessen, daß es so etwas wie wirtschaftliche Werte gar nicht gibt. Es gibt nur Preise.

Der Wert von etwas, egal was es ist, ist der Preis, den der nächste Käufer zu bezahlen bereit ist. Was der letzte Käufer bezahlt hat, ist bedeutungslos. Was man selbst für ein Gut bezahlt hat, mag die eigene Vermögenslage und daher das eigene Denken, Hoffen und die Verhandlungstaktik für die nächste Transaktion bestimmen. Es ist aber, außer als Denkvorstellung, unerheblich. Die nächste Transaktion und der dafür bezahlte Preis sind die Realität.

Die Bewertungsmethoden, egal nach welchen Gesichtspunkten sie konzipiert sind, mögen Anhaltspunkte liefern für Verhandlungsziele, für Wünsche, Hoffnungen und das Setzen von Orders an den Börsen. Und es ist durchaus möglich, daß eine Zeitlang der zuvor errechnete Wert sich auch als Preis einstellt. Es kann dann der Anschein entstehen, daß die Bewertungsüberlegungen einen Einfluß auf die Preisgestaltung hätten.

An den Börsen kann aber täglich gesehen werden, daß der Preis von jedem Wertansatz weit entfernt sein kann – und es meistens auch ist. Die Argumentation mit Werten, daher auch mit Über- und Unterbewertung zum Beispiel von Aktien, ist müßig. Es gibt keine Werte außerhalb des Preises, den der nächste Käufer bezahlt.

Daher ist es im Grunde auch falsch, von sogenannten innerbetrieblichen Wert- oder Wertschöpfungsketten zu sprechen, wie das Michael Porter[17] aufgebracht hat. Innerhalb eines Unternehmens gibt es keine Werte, sondern nur Kosten. Kosten können nur außerhalb des Unternehmens in etwas Werthaltiges transformiert werden, nämlich dadurch, daß ein Kunde eine Rechnung bezahlt, einen Preis entrichtet.

Das Wertdenken birgt noch eine andere, möglicherweise größere Gefahr. Es beeinflußt das Marketing in riskanter Weise. Es führt zurück zur Vorstellung, daß der eigene Aufwand den Wert des Produktes bestimme und somit seinen Preis. Es ist eine scheinbare Legitimierung von »cost driven pricing«. Die Realität auf den Märkten ist aber das Gegenteil, nämlich »price driven costing«.

Wer die Kalkulation so aufbaut, daß er seine eigenen Kosten nimmt, darauf einen Risiko- und Gewinnzuschlag macht und so den Preis errechnet, manövriert sich fast immer aus dem Markt hinaus. Die Orientierung muß sich umgekehrt am gegebenen Marktpreis ausrichten, davon ist ein angemessener Gewinn abzuziehen, und danach muß sich alles am verfügbaren Rest ausrichten, von der Entwicklung bis zum Verkauf. Das ist die einzige Möglichkeit, an der Realität des Marktes nicht vorbei zu operieren.

Gerade in den New Economy-Firmen, die glaubten, neue Gesetze des Wirtschaftens erfunden zu haben, wurde das nicht begriffen. Noch immer wird in Software-Kreisen mit dem Aufwand argumentiert, den die Entwicklung eines Programmes verursacht habe. Dann wird vom Wert des darin steckenden Wissens geredet, und man glaubt, damit Preisforderungen rechtfertigen zu können.

Diese Denkweise ist von der Logik der Marktwirtschaft her falsch, und sie ist daher gefährlich. Ein Blick nach Indien und die dort arbeitenden Software-Spezialisten würde, falls man sich der Logik nicht beugt, einen empirischen Zweifel begründen. Die einzige Realität der Wirtschaft ist der Preis.

Regelmäßig wird in den Medien ausführlich über das Burnout-Syndrom bei Managern berichtet. Die Diagnose ist rasch gestellt und an Therapievorschlägen herrscht kein Mangel. Bemerkenswert ist, daß unter alle dem Interessanten das Richtige fehlt. Kann es sein, daß den zumeist sehr jungen Journalisten, die sich mit dem Thema befassen, fast jeder Bezug zur Praxis fehlt? Und ist es denkbar, daß sie die falsche Methode anwenden, nämlich zu *fragen* statt zu *schauen?* Kann es sein, daß sie dazu noch die falschen Leute für ihre Betrachtungen heranziehen, nämlich die Amateure unter den Managern, die meistens genau deshalb auch versagen, weil sie keinen Professionalismus entwickeln und als Ausrede dafür allen Modeerscheinungen nachlaufen?

Man liest von den Qualen der Manager und davon, daß ihnen die Angst die Seele aufesse ... Umfänglich wird zum soundsovielten Male das Phänomen Streß beschrieben, mit all seinen physischen und psychischen Folgen; zum soundsovielten Male auch einseitig, nämlich nur der negative, der Dystreß, während der positive Eustreß kaum erwähnt wird. Reichlich kommen Psychologen, Psychoanalytiker und Psychotherapeuten zu Wort, großartig in ihrem Fach ... und ein Beispiel dafür, daß die Beschränkung auf selbiges weise wäre.

Interessant, manchmal spannend, sind die Vorschläge, die gemacht werden; alle Varianten von Regenerationspaketen: Relaxing, Wellness, Massagen, Moorbäder und Brennesselaufgüsse,Tiefatmung und Loslassen, Coaching und Empowerment, Zuhörenlernen und Empathie, Networking, Recreation und neueren Datums Emotionale Intelligenz und Charisma-Training ... Faszinierend – und fast immer wirkungslos.

Warum nur die einfachen Dinge nicht genannt werden? Jene, die nachweislich funktionieren? Wie wäre es zur Abwechslung mit folgenden vier Vorschlägen: Professionalität in der Erfüllung der Aufgaben als Ergebnis einer guten Managementausbildung, eine solide persönliche Arbeitsmethodik, ein einigermaßen intaktes Privatleben und regelmäßiger Sport?

Ich habe in fast 30 Jahren Umgang und Arbeit mit Managern aller Führungsstufen niemanden kennengelernt, der Streß gehabt hätte, wenn diese vier Faktoren gegeben waren. Viele, aber längst nicht alle Manager haben hart zu arbeiten, manchmal und über gewisse Zeiten auch zu viel; sie sind gelegentlich in Schwierigkeiten, und manchmal mag es eine Krise sein. Sie haben Sorgen, fühlen sich nicht immer sicher mit dem, was sie entscheiden; sie sind nicht jeden Tag »gut drauf« und abends oftmals müde ... Was ist daran so außergewöhnlich? Geht es anderen Menschen besser? Sind alleinerziehende Mütter, Chirurgen, Bergbauern, Studenten vor dem Examen, Kellner, Verkäuferinnen, Kriminalbeamte und Lastwagenfahrer besser dran?

Die guten Manager reden nicht über sich selbst, sie beklagen sich nicht und sie gehen mit ihren Empfindungen nicht an die Öffentlichkeit. Sie konzentrieren sich auf ihre Aufgaben. Sie arbeiten unermüdlich an der Perfektionierung ihrer persönlichen Arbeitsmethodik. Sie haben die Erfahrung gemacht, daß man ständig besser werden kann und daß das Freude bereiten kann. Sie wissen, daß es keine Grenzen für Effektivität und Effizienz gibt – außer die selbstgesetzten im Kopf. Statt übertriebener Sensibilität für Emotionen sind sie sensibel für ihre Zeit und deren Verwendung. Sie orientieren sich am Inhalt, nicht an der Verpackung; am Sein, nicht am Schein. Sie verschwenden keine Zeit für »Showmanship«, sondern kultivieren »Craftsmanship«; sie sind nicht an Ritualen, sondern an Resultaten, nicht am Input, sondern am Output interessiert. Und vor allem: Sie haben ihre Geschäfte unter Kontrolle, sie setzen Prioritäten und sie führen die Dinge zu Ende.

Dann sind sie abends zwar müde, aber Burnout haben sie nicht. Effektivität des Arbeitens, Zeitökonomie und Finalisierung der Aufgaben sind ihre Rezepte, damit sie zwar nicht an jedem, aber doch an gar nicht so wenigen Wochenenden Zeit für sich selbst, für ihre Familie und Freunde und für die schönen Dinge im Leben haben können. Interviews über Streß geben sie aus zwei Gründen nicht: weil sie ihn nicht haben und weil sie ihre Zeit nicht verschwenden wollen ...

Fast jedes wichtige Thema im Management wie Motivation, Leistung, Zufriedenheit, Werte oder Unternehmenskultur scheint von der Wahl eines Menschenbildes und somit von der richtigen Verwendung des Wortes abhängig zu sein. Ich halte es für gefährlich, weil es zu starren Vorstellungen über Menschen gerade dort führt, wo Flexibilität nötig ist.

Unvermeidlich kommen immer wieder dieselben zwei Typisierungen in die Diskussion, die der amerikanische Psychologe Douglas McGregor 1960 in »The Human Side of Enterprise« dargestellt und mit den Begriffen »Theorie X« und »Theorie Y« bezeichnet hat. Diese zwei Menschenbilder waren schon damals uralt. Sie durchziehen in Variationen die gesamte Geistesgeschichte. Sie sind für das Management weitgehend untauglich, weil sie mehr Schaden als Nutzen stiften.

Das eine Bild – Theorie X – sieht den Menschen als schwaches und hilfsbedürftiges Wesen, das auf die Solidarität der Gemeinschaft angewiesen und unfähig ist, sein Leben zu gestalten und zu verantworten, das Arbeit als leid- und mühevoll empfindet, sie daher eher scheut, der von anderen motiviert werden muß und gewissermaßen der »Erlösung« bedarf. Das andere – Theorie Y – ist das Bild des starken und leistungsfähigen, sich selbst motivierenden Menschen, der gerne und freiwillig arbeitet und leistet, sich und sein

 Leben selbst bestimmt und gerade darin Sinn und Selbsterfüllung findet.

Verzicht auf Typisierungen

Welchem der beiden Menschenbilder man auch immer gefühlsmäßig zuneigen mag, ich mache den Vorschlag, im Management auf ein Menschenbild überhaupt und gänzlich zu verzichten. Man ist zwar nie frei von Annahmen und Meinungen, ich empfehle aber, sich aktiv zu weigern, ein Menschenbild zu haben, weil man sonst Gefahr läuft, in die Falle von Klischees und Vorurteilen zu tappen. Das zu vermeiden ist, zugegeben, nicht immer ganz einfach. Hier ist die Rede aber von Management und von Führungskräften, und von diesen darf wohl etwas Anstrengung erwartet werden.

Der beste Ausgangspunkt ist zu akzeptieren, daß wir schlichtweg nicht wissen, wie *die* Menschen sind. Von den gegenwärtig rund sechs Milliarden Menschen sind keine zwei gleich. Alle sind einzigartige Individuen.

Muß man überhaupt wissen, wie die Menschen sind? Im Management hat man zum Glück nicht das Problem, alle Menschen führen zu müssen. Es stellt sich nur die Aufgabe, die acht, zehn oder zwölf Personen zu führen, die einem durch Schicksal, Zufall oder die eigene Auswahl als direkte Mitarbeiter unterstellt wurden. Daher muß man auch nur wissen, wie diese wenigen Menschen sind. Das läßt sich herausfinden, und zwar auch dann, wenn die Wissenschaft niemals Allgemeingültiges über die Motivation der Menschen entdecken wird.

Herausfinden, wie der einzelne ist

Es geht mir nicht darum, die Tugend der Vorurteilsfreiheit zu predigen, so wünschenswert sie auch ist. Das Ziel ist ein praktisches. Die Weigerung, ein allgemeines Menschenbild zu akzeptieren, und das Eingeständnis, nicht zu wissen, wie die Menschen sind, führt zur Aufgabe herauszufinden, wie der einzelne Mensch ist, mit dem man zusammenarbeiten muß. Man wird leicht feststellen, daß niemand einem Menschenbild entspricht.

Da gibt es den Mitarbeiter, der am Arbeitsplatz ein »Theorie X-Typ« zu sein scheint und offenbar nichts anderes im Kopf hat, als das Ende des Arbeitstages. Danach aber widmet er sich hochengagiert und motiviert einer Aufgabe in einem Verein, einer gemeinnützigen Organisation, einer politischen Partei, oder er geht mit Leidenschaft einem Hobby oder einem Sport nach. Im Betrieb tut er nur das Nötigste, aber er fehlt an keinem Volkslauf. Was also ist das für ein Mensch? Da gibt es aber auch den anderen Mitarbeiter, der in seiner Arbeit sehr gute Leistung erbringt, ein »Theorie Y-Typ« zu sein scheint, in seinem Privatleben aber nie etwas bewegt und seine Abende vor dem Fernsehapparat verbringt. Wo soll er eingeordnet werden? Vermeintliche X-Typen zeigen nicht immer X-

 Verhalten, und scheinbare Y-Typen nicht immer Y-Leistung.

Es gibt den Menschen, der Perioden der Hochleistung, dann aber wieder während Tagen oder Wochen einen »Durchhänger« hat, vor sich »hindumpft« und beinahe depressiv ist. Am Montag sind viele Leute nicht »so gut drauf«, am Dienstag beginnen sie in Form zu kommen, am Mittwoch gelingt ihnen eine besonders wichtige Leistung, die ihrer Motivation einen Höhenflug verleiht, am Donnerstag geht etwas schief, und am Freitag beginnen doch die meisten – darunter auch viele Topmanager – an das Wochenende zu denken. Welchem Menschenbild sind diese Menschen zuzuordnen? Manche sind in ihrer Jugend dumm und werden im Alter klug, bei anderen ist es umgekehrt. Am eindrucksvollsten sind jene gar nicht so seltenen Beispiele von Menschen, die unerwartet über sich hinauswachsen, wenn sich ihnen eine Aufgabe stellt, obwohl man zu wissen glaubte, daß sie nie viel bewegen werden.

Jeder Sporttrainer hat gelernt, nicht auf Typen zu achten, sondern auf das individuelle Leistungsprofil jedes einzelnen Sportlers. Wer sich auf Menschenbilder fixiert, läuft nicht nur Gefahr, den Menschen Unrecht zu tun, sondern er vernachlässigt das Wichtigste im Management: nämlich herauszufinden, was der einzelne kann, welche Stärken er hat – und ihn dort einzusetzen, wo er einen Beitrag zu leisten vermag.

Die Risiken, die mit einer Entscheidung verbunden sind, muß man in jedem Falle genau kennen und ihrer Natur entsprechend richtig einschätzen.

Selten zuvor war der Ruf nach dem risikofreudigen Unternehmer und Manager lauter als in den letzten Jahren. Die initiative, kreative, visionäre, Risiken eingehende, dynamische Pionierpersönlichkeit schien vielen die treibende Kraft in eine neue Wirtschaft zu sein. Und zur Zeit ist es das Vorzugsrezept für ein scheinbar zurückfallendes Europa, um mit den USA und den wiedererwachenden asiatischen Ländern mitzuhalten. In den Großunternehmen wird, wenn schon nicht der Entrepreneur, so doch der Intrapreneur gefordert. Ganz besonders angesprochen wurden Jungunternehmer.

Aber was ist es, was da gefordert wird? Sind Unternehmer und Führungskräfte wirklich risikofreudig? Und wenn ja, *welche* Unternehmer und Manager? Die guten oder die schlechten? Sind es jene, die auch schon bewiesen haben, daß sie zwei oder drei Krisen erfolgreich überstehen können, oder jene, die bei den ersten unvorhergesehenen Schwierigkeiten Konkurs machen oder zu Übernahmekandidaten werden? Der New Economy-Unfug hat gezeigt, wie gering das Verständnis für das Phänomen Risiko ist. Weniges hat mehr Schaden angerichtet als das Unverständnis für Risiken und der Ruf nach Risikofreude.

 Gute Unternehmer haben ein ausgeprägt zwiespältiges Verhältnis zum Risiko. Sie wissen, daß es ohne Risiken keinen unternehmerischen Erfolg geben kann; sie wissen aber auch, daß es immer die Risiken sind, die Unternehmen in den Untergang treiben. Sie haben daher gelernt, daß man klar zwischen verschiedenen *Arten* des Risikos[17] unterscheiden muß. Es gibt deren vier, die sorgfältig auseinanderzuhalten sind.

Da ist erstens das Risiko, das unvermeidlich mit allem Wirtschaften wesensgemäß immer verbunden ist. Das Leben selbst ist bekanntlich schon lebensgefährlich, und die Wirtschaft hat keinen Mangel an Risiken. Sie sind weit größer, als die meisten Menschen sich vorzustellen vermögen, weil sie in unserer heutigen (Versorgungs-)Gesellschaft diesbezügliche Erfahrungen gar nicht machen können. In der Wirtschaft ist nichts gesichert. In jeder Silvesternacht werden klammheimlich draußen, gleichgültig wie gut der Jahresabschluß war, alle Register auf Null gestellt, und der ganze Kampf beginnt von neuem.

Leute, die bilanzieren müssen, und vor allem jene, die mit eigenem Geld bilanzieren, wissen das. Niemand muß es ihnen sagen, und daher stehen sie dem Ruf nach größeren Risiken skeptisch gegenüber. Das hat nichts mit einem Mangel an unternehmerischem Mut zu tun, wie so viele »Wirtschaftszuschauer« meinen. Schon das gewöhnliche Risiko des Wirtschaftens ist groß genug: Es ist nämlich immer das Risiko des Bankrotts.

Die zweite Risikoart ist das über das erste hinausgehende, zusätzliche Risiko, das man sich leisten kann. Man kann es sich leisten, weil es einen nicht umbringt, wenn es schlagend wird. Dieses Risiko geht man ein – und die meisten Unternehmer brauchen dafür keine besondere Aufforderung. Wer hunderttausend im Jahr verdient und mit tausend auf die Spielbank geht, wird sein Geld wahrscheinlich verlieren, aber er geht normalerweise daran nicht zugrunde. In Wahrheit riskiert er natürlich nicht tausend, sondern zweitausend, denn er muß ja noch Steuern zahlen. Aber auch das kann er bei diesem Einkommen verschmerzen.

Das dritte Risiko ist jenes, wieder über das erste hinausgehende, das man sich definitiv nicht leisten kann: weil es einen umbringt, wenn der Risikofall eintritt, weil es einen in die Pleite treibt. Dieses Risiko darf man nicht eingehen, unter gar keinen Umständen, auch wenn die Gewinnchancen noch so groß sind und gleichgültig, was andere Leute fordern.

Hier helfen auch keine noch so raffinierten, manchmal als wissenschaftlich deklarierten Überlegungen und Berechnungen. Vor allem hilft der Hinweis auf Wahrscheinlichkeiten nichts. Die Frage, die man stellen muß, lautet nicht: Wie wahrscheinlich ist das Risiko? Die Frage muß lauten: In welcher Situation befinde ich mich, wenn es eintritt, gleichgültig wie gering die Wahrscheinlichkeit ist?

Das bedeutet noch nicht, daß man über ein solches Geschäft prinzipiell nicht nachdenkt. Aber statt sich den Kopf über Wahrscheinlichkeiten zu zerbrechen, überlegt man, wie man aus dem Risiko der dritten Art eines der zweiten machen kann: durch Vertragsgestaltung, gemeinsam mit Partnern, oder indem man einen Dummen findet, der bereit ist, das Risiko zu übernehmen, wie manche Banken in den 1990er Jahren auf dem Immobiliensektor oder dann später bei Hedgefonds-Finanzierungen und im Venture Capital-Sektor.

Schließlich gibt es noch eine vierte Risikoart. Es ist jenes Risiko, welches nicht einzugehen man sich nicht leisten kann. Es ist das Risiko, das man eingehen muß, weil man keine andere Wahl hat. Dieses Risiko nennt man aber nicht unternehmerisches oder kalkuliertes Risiko. Man nennt es Schicksal, Ausweglosigkeit oder Tragik. Die griechischen Tragödien und Shakespeare-Dramen bauen auf diese Form des Risikos auf. Das macht sie spannend, faszinierend und eben tragisch. Man schaut sie sich an – im Theater, aber nicht in der eigenen Firma. Diese letzte Art des Risikos ist meistens die Folge früherer Fehler und der Mißachtung eherner Prinzipien des Managements und des Wirtschaftens. Man hat früher einmal leichtfertig A, B und C gesagt und muß jetzt gezwungenermaßen X, Y und Z akzeptieren.

Zumindest diese vier Risikoarten sollte man unterscheiden – vor allem jene, die so laut nach dem risikofreudigen Unternehmer rufen, häufig aus einer völlig risikofreien Position heraus. Niemandem, außer den Konkursanwälten, nutzt eine Unternehmenspleite. Ohne Ausnahme werden dadurch

Produktivkraft und Wohlstand vernichtet. Vor allem werden die Bereitschaft zu Engagement und unternehmerische Motivation ruiniert, wenn junge Leute durch verführerische Slogans in die falschen Risikoarten gelockt werden.

Nach Jahrhunderten der Verwendung des Begriffs »Gewinn«, zuerst durch die Kaufleute, dann durch die Professoren, schließlich durch Berater, Wirtschaftsprüfer und Investmentbanker, sollte man meinen, daß zweifelsfrei geklärt sei, was Gewinn ist. Das ist nicht so.

Wir wissen heute, als Folge der Boom- und Bubble-Wirtschaft vielleicht besser als früher, wie man Gewinnerwartungen erzeugen und manipulieren, wie man mit Gewinnziffern jonglieren und die Medien irreführen kann, aber der Begriff des Gewinnes ist noch immer schlecht verstanden, wird daher falsch und oft mißbräuchlich verwendet.

Je mehr ein Manager von Gewinn spricht, um so mehr Skepsis ist angebracht und um so mehr muß herausgefunden werden, was er wirklich meint, insbesondere wenn von Gewinnoptimum oder Gewinnmaximum die Rede ist.

Für die Führung eines Unternehmens ist die Vorstellung eines Gewinnmaximums weitgehend unbrauchbar. Hilfreich ist hingegen das Gegenteil, das Gewinnminimum, nämlich die Frage, wieviel man mindestens verdienen muß, um auch in Zukunft noch im Geschäft zu sein – nicht nur um das *heutige* Kapital zu bedienen, nicht nur, um heute Geschäft zu machen, sondern um im Geschäft *bleiben* zu können. Das ist eine ganz andere Fragestellung, als sie im Rechnungswesen gestellt wird. Sie ist mit dessen Methoden überhaupt nicht zu beantworten.

Für wirklich professionelle Unternehmensführung schlage ich vor, sogar noch einen Schritt weiter zu gehen und gar nicht von Gewinn zu sprechen. Im Grunde gibt es nämlich keine Gewinne, sondern nur Kosten. Davon gibt es zwei Arten: Erstens die Kosten des heutigen Geschäftes und zweitens jene Kosten, die nötig sind, um im Geschäft zu bleiben.

Die Kosten der ersten Art kennen wir, weil wir sie verbuchen können. Die Kosten der zweiten Art kennen wir nicht; sie können nicht verbucht werden, weil es noch keine Belege dafür gibt. Sie sind dennoch genau so real wie die Kosten, die wir schon verbuchen können. Wenn wir die Kosten der zweiten Art nicht aufzubringen vermögen, wird das Unternehmen keine Zukunft haben. Solange man von Kosten redet, können kaum große Führungsfehler begangen werden. Mit einem zu kurz gegriffenen Gewinnbegriff ist aber schon immer der Untergang eines Unternehmens eingeleitet worden.

Soll Arbeit Spaß machen? Muß sie Spaß machen? Zumeist werden diese Fragen heute mit Ja beantwortet. Was denn sonst? So plausibel aber diese Antwort klingen mag, so problematisch ist sie, denn sie wird in der Regel nicht als Wunsch, sondern als Forderung und Anspruch verstanden.

Dieser Anspruch ist zu einer dominierenden Vorstellung im Management und Managementtraining geworden – mit desaströsen Auswirkungen. Dadurch sind Erwartungen entstanden, die kein Unternehmen auf Dauer erfüllen kann.

Unrealistische Erwartungen

Die Forderung nach Spaß gehört in jene Kategorie von Irrlehren, die eine vernünftige Motivation von Mitarbeitern unmöglich macht. Sie setzt einen Teufelskreis in Gang: Die von Führungskräften und Trainern produzierten Erwartungen werden enttäuscht, die Mitarbeiter sind frustriert. Darauf wird mit Motivationsprogrammen und »motivierendem« Verhalten geantwortet. Dies kann von den Betroffenen aber unter den gegebenen Umständen nur als ein Versuch der Manipulation verstanden werden und nicht selten als eine besonders raffinierte Form von Zynismus, weil die Arbeit selbst im Regelfall nicht verändert, aber der Anspruch auf Freude und Spaß daran noch immer aufrechterhalten wird.

Die Frustrationen werden dadurch nur größer, weil die Leute sich nun zusätzlich »verschaukelt« fühlen. Ein Ausweg aus diesem Teufelskreis ist nur möglich, wenn man den Mut zu einem neuen Realismus aufbringt und anfängt, die Dinge beim Namen zu nennen.

Mehr Differenzierung

Zuerst kann man sich vielleicht ins Bewußtsein bringen, daß es das erste Mal in der Weltgeschichte ist, daß die Forderung nach Spaß an der Arbeit erhoben wird. Das beseitigt sie nicht, könnte aber geeignet sein, sie zu relativieren. Zweitens ist es nützlich, zwischen *Spaß* und *Freude* zu unterscheiden. Das ist nicht dasselbe, und nicht von ungefähr hat die Sprache zwei verschiedene Begriffe.

Selbstverständlich soll man alles tun, um mit Arbeit verbundenes Leid zu beseitigen, wo immer das möglich ist. Die Fortschritte, die dabei in den wirtschaftlich entwikkelten Ländern in den letzten 100 Jahren gemacht wurden, sind beachtlich. Sie sind eine jener Revolutionen, deren Geschichte noch nicht geschrieben ist. Ebenso selbstverständlich hat man großen Fortschritt erzielt, wenn immer mehr Arbeiten gelegentlich auch Spaß oder Freude bereiten können.

Aber man muß auch unmißverständlich klarstellen, daß kein Job immer nur Freude machen kann und daß praktisch jede Arbeit Dinge mit sich bringt, die nie und niemandem

Freude machen können. Jede anders lautende Behauptung ist naiv.

Selbst jene Tätigkeiten, von denen viele glauben, daß sie zu den idealen, spannenden und faszinierenden Berufen gehören, wie vielleicht Flugzeugpilot oder Orchesterdirigent, haben ihre langweiligen Seiten. Auch hier entsteht mit der Zeit ein erhebliches Maß an Routine und Mühsal.

Außerdem muß klar sein, daß auch jene Jobs getan werden müssen, die nicht nur beschwerliche Elemente aufweisen, sondern die als Ganzes niemandem und niemals Freude und Spaß machen. Es werden auch in Zukunft Toiletten zu putzen sein, es wird Müllmänner brauchen und es wird zahlreiche Hilfsarbeiten geben, die selbst jenen Leuten keinen Spaß machen, die auch mit niedrigen Maßstäben zufrieden sind oder es sein müssen. Was sollen diese mit der Maxime anfangen, daß Arbeit Spaß machen soll?

Ebenso fragwürdig muß die Vorstellung von Spaß für Menschen sein, deren Beruf sie täglich mit dem Elend der Welt konfrontiert: Flüchtlingshelfer, die nicht wirklich helfen können; Sozialarbeiter, die weder Drogensucht, Prostitution noch Obdachlosigkeit beseitigen können; Lehrer und Priester in den Slums der Großstädte; Ärzte und Schwestern, die auf den Intensivstationen einen nur zu oft aussichtslosen Einsatz leisten. Sie tun ihre Arbeit nicht wegen der Freude, sondern weil sie getan werden muß – auch wenn das für viele altmodisch klingt.

Die Forderung, daß Arbeit Freude und Spaß machen soll, führt nicht nur zu unlösbaren Motivationsproblemen. Sie hat noch eine zweite, negative Folge. Sie lenkt vom Wichtigsten ab, das mit Arbeit verbunden sein muß – nämlich von den Ergebnissen. Sie richtet die Aufmerksamkeit der Menschen auf die Arbeit als solche, statt sie auf die Resultate ihrer Arbeit auszurichten. Nicht die Arbeit ist wichtig, sondern die Leistung – nicht der Input, sondern der Output. Es ist daher wichtig, nicht nur über die Arbeitslosigkeit zu reden, sondern auch über die Leistungslosigkeit.

Die Forderung, wenn man sie denn erheben will, würde besser lauten: Nicht die Arbeit soll Freude machen, sondern ihre Ergebnisse sollen Befriedigung hervorrufen. Das geht zwar nicht immer, aber es ist manchmal auch dann noch möglich, wenn die Arbeit definitiv keinen Spaß macht. Dann können noch immer die Resultate Freude bereiten, zumindest einen Anflug an Befriedigung verschaffen. Die Ergebnisse können mit berechtigtem Stolz verbunden sein, der auch bei Menschen, die niedrigste Hilfsarbeiten zu verrichten haben, zu jenem Minimum an Selbstrespekt führt, den jeder Mensch benötigt.

Wenn jemand eine Arbeit hat, die ihm Spaß oder Freude macht, dann kann man dazu nur gratulieren. Es ist ein Privileg in jeder Beziehung, und es ist eine Seltenheit. Würden nur noch jene Arbeiten getan, die jemandem Spaß machen, würde eine Gesellschaft innerhalb von zwölf Stunden stillstehen. Solange das im wesentlichen so ist, sollte man Begriffe, wie Pflicht und Pflichterfüllung noch nicht aus dem Wortschatz streichen, auch wenn sie nicht zeitgeistkonform sind.

Das Wort »Vertrauen« ist als solches nicht gefährlich. Es ist aber mit zwei Gefahren verbunden. Die erste ist, daß man die Bedeutung von Vertrauen übersieht, weil man auf Motivation fixiert ist. Die zweite ist, daß man aus Vertrauen ein emotionales Problem macht.

Weil, wie ich mehrfach sagte, die Managementausbildung von wenigen Themen, darunter Motivation und Führungsstil, dominiert wird, wird die Bedeutung von Vertrauen übersehen.

Sie springt aber sofort ins Auge, wenn man sich mit einem oft anzutreffenden, scheinbaren Paradoxon befaßt: Es gibt Führungskräfte, die – wenn man das Lehrbuch als Maßstab nimmt – alles falsch machen und trotzdem eine ausgezeichnete Situation in ihren Firmen und Führungsbereichen haben, ein gutes Klima und leistungsorientierte Mitarbeiter. Und es gibt andere, die alles richtig, alles gemäß herrschender Lehre und Managementseminar tun, die Führungsstilempfehlungen und Motivationslehren kennen und beherzigen und dennoch das Gegenteil erreichen: eine schlechte Stimmung in ihren Verantwortungsbereichen, frustrierte Mitarbeiter und eine leistungsfeindliche Unternehmenskultur. Wie ist das zu erklären?

Wenn man der Sache auf den Grund geht, stellt sich fast immer heraus, daß nicht Motivation und Führungsstil, auch nicht emotionale Intelligenz, die wesentlichen Aspekte sind, sondern die Frage, ob die Leute ihrem Chef vertrauen. Wenn ein Manager das Vertrauen seiner Umgebung, seiner Mitarbeiter, Kollegen und Vorgesetzten, zu gewinnen und zu erhalten verstanden hat, spielen alle anderen Dinge eine vergleichsweise unbedeutende Rolle. Er hat dann nämlich etwas geschaffen, was man eine robuste Führungssituation nennen kann – robust gegen die vielen Führungs-, Verhaltens- und Motivationsfehler, die täglich passieren.

Nicht, daß man sie entschuldigen oder gar rechtfertigen dürfte; aber sie unterlaufen auch den besten Managern, ohne daß sie es wollen, und meistens auch, ohne daß sie es merken. Manager sind nicht so sensitiv, wie viele Psychologen sie gerne hätten.

Die Frage ist somit nicht, ob Führungsfehler passieren oder nicht; die Frage ist, wie schwer sie wiegen. Organisationen müssen ein erhebliches Maß an »Dickfelligkeit« haben, wenn sie funktionieren sollen. In Unternehmen, und besonders in den gut geführten, ist man nicht besonders empfindlich. Man hat wenig Zeit und im Grunde auch wenig Verständnis für übertriebene Sensibilitäten. Wenn alles, was passiert, ständig auf die »Goldwaage« gelegt, und wenn alles, was gesagt oder auch nicht gesagt wurde, ständig hinterfragt wird, dann hat man in einem Unternehmen keine ökonomische Veranstaltung mehr, dann ist sie eher eine psychiatrische Anstalt ...

Ohne ein Minimum an gegenseitigem Vertrauen geht in einer Organisation nichts. Die Logik der Situation ist ebenso einfach wie zwingend: Wenn und so lange Vertrauen gegeben ist, braucht man sich über Motivation, Betriebsklima und Unternehmenskultur keine übermäßigen Sorgen zu machen, obwohl ich natürlich nicht davon abraten will, sich darum zu kümmern. Viel wichtiger hingegen ist: Fehlt es an Vertrauen, dann bleiben alle diesbezüglichen Maßnahmen wirkungslos – ja, schlimmer, sie verkehren sich ins Gegenteil. Motivationsbemühungen und Unternehmenskulturprogramme werden dann häufig als besonders raffinierte Formen der Manipulation verstanden und letzten Endes als ausgesprochener Zynismus.

Im Lichte der Bedeutung, die Vertrauen hat, ist es bemerkenswert, daß es zwar Hunderte von Untersuchungen, Schriften und Büchern über Motivation und Führungsstil gibt, aber fast nichts über Vertrauen. Es ist von der Wissenschaft schlicht übersehen worden; und die Praxis hat es jahrzehntelang geduldet, daß leicht als solche erkennbare Irrlehren in der Ausbildung verbreitet wurden.

Vertrauen ist die Grundlage jeder vernünftigen, menschengerechten, vor allem jeder funktionierenden Form von Führung. Es sind keine besonderen Fähigkeiten und Begabungen erforderlich und schon gar keine hochgestochenen Theorien, wie sie heute für alles und jedes zeitgeistkonform bemüht werden.

Zur zweiten Gefahr: Vertrauen und auch dessen Gegenteil, Mißtrauen, sind entgegen allgemeiner Meinung keine emotionalen Phänomen, obwohl in der Regel mit beiden gewisse Gefühlslagen verbunden sind. Es ist auch unnötig, sofort von Vertrauens*kultur* zu sprechen, wie das so oft reflexartig getan wird.

Vertrauen beruht nicht auf bestimmten Gefühlslagen, sondern es entsteht aus konsistentem Verhalten, Verläßlichkeit und dem, was man als charakterliche Integrität zu bezeichnen pflegt. Das ist zwar ein großer Begriff, was sich letztlich aber dahinter verbirgt, ist etwas einfaches, und etwas, was im Prinzip jede Führungskraft leisten kann: Meinen, was man sagt, und auch entsprechend handeln, sowie halten, was man verspricht.

Zwei weit verbreiteten Mißverständnissen sei vorgebeugt: Man beachte, daß zu meinen, was man sagt, nicht bedeutet, alles zu sagen, was man meint. Das wäre in der Wirklichkeit unserer Organisationen naiv. Als Führungskraft wird man sich zu überlegen haben, was man sagt, vor wem und wann. Wenn man sich aber entschließt, etwas zu sagen, dann muß es so gemeint sein. Und man beachte zweitens, daß das nicht heißt, daß man seine Meinung nicht mehr ändern darf. Man darf, und es wird sogar öfter der Fall sein müssen als früher, weil sich die Lage in jeder Organisation heute rascher verändert als vielleicht je zuvor. Man muß es nur sagen, daß man seine Meinung geändert hat, und wenn man gut führen will, begründet man seine Meinungsänderung auch.

Aus dem Gesagten folgt nicht, daß Vertrauen an die Stelle von Motivation tritt oder daß Vertrauen dasselbe ist wie Motivation. Die Sache liegt anders: Natürlich ist es um so besser, wenn zum Vertrauen noch zusätzlich Motivation tritt, und in aller Regel ist es unter dieser Bedingung kein Problem, die Leute zu motivieren.

Die Bedeutung der obigen Beobachtung zeigt sich im negativen Falle dann, wenn kein Vertrauen gegeben ist: Unter diesen Umständen ist es nämlich vergeblich, motivieren zu wollen. Jegliche Motivationsversuche verpuffen wirkungslos, wenn nicht ein Minimum an Vertrauen gegeben ist, und, wie erwähnt, nicht selten verkehren sie sich ins Gegenteil.

Vertrauen ersetzt nicht Motivation, sondern es wirkt als Katalysator. Motivation kann überhaupt erst wirken, wenn Vertrauen gegeben ist. Aus genau diesem Grunde sind so viele wohlgemeinte und fachlich durchaus kompetent angelegte Motivationsprogramme zum Erstaunen der Initiatoren wirkungslos oder gar schädlich. Motivationsprogramme werden ja in der Regel dann gestartet, wenn es in einem Unternehmen aus Gründen des Leistungsabfalls als nötig erachtet wird, oder um die Menschen zu noch mehr Leistung zu bringen.

Nach den Exzessen braucht die Gefährlichkeit des Wortes »Stock Options« kaum betont zu werden. Es wird Zeit, mit der Reparatur von Systemen aufzuhören, die nie funktionierten und nie funktionieren werden. Peter F. Drucker hat schon vor Jahrzehnten gesagt: »There are no good executive compensation plans. There are only bad and worse.«

Möglicherweise hat niemand in seinem Leben mehr »genial erdachte, ingeniös konzipierte und sorgfältigst gerechnete« Bezahlungsmodelle scheitern sehen als Drucker. Sie kamen regelmäßig mit Boomphasen und sind an ihrem Ende ebenso regelmäßig kollabiert. Wenn es noch eines Beweises für die Richtigkeit dieser Auffassung bedurfte, ist er in den 1990er Jahren erbracht worden. Es ist Zeit für einen Neuanfang und eine gute Gelegenheit dafür – gerade im Interesse der unter Kritik stehenden Topmanager.

Auch die raffiniertesten Reformen, die jetzt unternommen werden, um die Ruinen etwa der Stock Optionsprogramme zu retten oder zu kaschieren, werden das Problem nicht lösen. Es gibt kein funktionierendes arithmetisch-mechanisches System der Einkommensbestimmung für die komplexen Aufgaben der Topebene. Kein solches System wird dem raschen Wandel der Bedingungen gerecht, unter denen es funktionieren müßte. Die meisten dieser Bedingungen sind von den Erfindern der Systeme gar nicht bedacht worden.

Kein arithmetisches System funktioniert sowohl bei steigenden als auch bei sinkenden Börsenkursen, in Phasen der Hochkonjunktur ebenso wie in der Rezession, im Alltagsgeschäft genauso wie im Sanierungsfall, bei Akquisition und bei Desinvestition. Es gibt kein System, das auch nur die elementaren Dimensionen der Unternehmensführung auf mechanisch-rechnerische Weise berücksichtigen könnte, die operative gleichermaßen wie die strategische, die kurz- wie die langfristige, das Heute und das Morgen.

Was ist die Alternative? Es gibt nur eine: nämlich die autonome Entscheidung des Aufsichtsorgans in freier Würdigung aller Umstände. Diese Lösung ist weit von einem Ideal entfernt, aber sie ist die beste, sobald das Ideal als Illusion erkannt und daher als nicht praktikabel aufgegeben wird.

Das Aufsichtsorgan gewinnt damit seine wichtigste Funktion wieder zurück, die es an die starre Mechanik abgegeben hat, nämlich die Gesamtleistung des Unternehmens, die Art ihres Zustandekommens und den Beitrag der Führungskräfte zu bestimmen und zu bewerten. Zweifellos ist das eine der schwierigsten Aufgaben im Kontext von Führung und Kontrolle. Aber es ist auch die wichtigste und vornehmste. Dadurch erfüllt die Unternehmensaufsicht ihre Kernaufgabe; darin liegt ihre eigentliche Bedeutung. Ohne ihre kompetente und verantwortete Erfüllung wird es keine funktionierende Corporate Governance geben.

 Die Konsequenzen sind unangenehm, aber funktionsdienlich und unverzichtbar für ein gesundes Unternehmen. Das Management kann bei dieser Art der Einkommensgestaltung seine Leistung nicht mehr einfach aus den Relationen einiger, wesentlich durch die Begünstigten selbst manipulierbarer monetärer Faktoren ableiten, sondern es muß sie überzeugend darstellen, profund belegen und begründen. Die Unternehmensaufsicht muß sich so intensiv mit der Gesamtlage und den Führungskräften befassen, daß sie diese Aufgabe auch wirklich kompetent erfüllen kann. Das ist arbeitsintensiv, aber dafür wird sie bestellt und bezahlt. In führungsbezogen hochentwickelten Unternehmen war das immer schon so.

Die wichtigsten Gegenargumente lassen sich entkräften. Das Aufsichtsorgan sei dazu nicht in der Lage, weil es zu weit von der Realität entfernt sei. Wo es so ist, tut es not, daß es näher an diese heranrückt. Die Unternehmensaufsicht sei dafür nicht kompetent genug. Dann wird es Zeit, sie kompetent zu besetzen. Manager würden dann weniger verdienen. Das hängt ganz vom Aufsichtsorgan ab; es kann auch mehr sein. Die Entscheidung sei subjektiv. Das ist ebenso richtig wie irrelevant. Auch jede Richterentscheidung ist subjektiv, weil sie von einer denkenden, abwägenden, urteilenden Person oder Gruppe getroffen wird. Wichtig ist, daß die Entscheidung nicht willkürlich ist. Das kann sichergestellt werden, wie wir aus 200 Jahren Praxis mit dem Rechtsstaat wissen. Und ein letzter Einwand: Die Manager würden dann nicht mehr im voraus wissen, was sie am En-

de des Jahres verdienen. Richtig und gut so; genau das war
und ist die Situation des Unternehmers: Sein Einkommen war nie im voraus bekannt.

FUSSNOTEN

1 So lesen wir je nach Quelle sinngemäß: Göttliche (außerordentliche) Gnadengabe, wenn der religiöse Sinn von Charisma gemeint ist. Im soziologischen Sinne ist es eine wesenhafte Begabung zu einem bestimmten Dienst, vor allem zur Übernahme einer Führerrolle und einer damit verbundenen irrationalen Herrschaft (Meyers Großes Handlexikon; Brockhaus multimedial 2001).

2 Es ist mir bewußt, daß es Werkstättenmalerei gab. Diese ist aber nicht kausal für die Entstehung der großen Malerei und der kreativen Kunstwerke, obwohl ich nicht ausschließe, daß auch Teams kreativ sein können.

3 Duden – Das Fremdwörterbuch, 7. Aufl. Mannheim 2001; die hier zitierte psychologische Bedeutung muß klarerweise unterschieden werden von Identifikation im Sinne der Feststellung der Identität z. B. einer Person (etwa im polizeilichen Sinne) oder einer Sache (z. B. eines Kunstwerkes oder eines gestohlenen Autos).

4 Ich finde geschichtliche oder aktuelle Hinweise auf die besondere Leistungskraft zum Beispiel indoktrinierter Kampfeinheiten totalitärer Systeme nicht überzeugend. Sie konnten vorübergehende, aber keine dauerhaften Erfolge erzielen. Davon abgesehen, würde sich die Frage nach der ethischen Vertretbarkeit solcher Führungsweisen stellen.

5 Siehe dazu die zahlreichen Bücher von Viktor Frankl, zum Beispiel: Der Mensch vor der Frage nach dem Sinn, München 1979.

6 Drucker, Peter F.: The Age of Disconinuity, London 1969, Neuauflage 1992.

7 Beer, S.: Beyond Dispute, The Invention of Team Syntegrity, Chichester 1993.

8 Paul C. Martin, Der Kapitalismus – ein System, das funktioniert, München 1986

9 Heinsohn, G., Steiger, O., Eigentum, Zins und Geld, Reinbek bei Hamburg 1996

10 Ich verwende im folgenden die Begriffe »Emotion« und »Gefühl« gleichbedeutend. In der Fachliteratur werden gewisse Unterschiede gemacht, die aber für den hier vorliegenden Zweck nicht wesentlich sind.

11 Zum Interessantesten auf diesem Gebiet gehören die Arbeiten von Dietrich Dörner und seinen Mitarbeitern, etwa die Tanaland- und Lohhausen-Experimente; für einen Überblick siehe Dörner, Dietrich: Die Logik des Misslingens, Reinbek b. Hamburg 1989.

12 Siehe Hayek, F. A. von: Law, Legislation and Liberty, Bd. 3, London 1979, 155 ff.

13 Siehe dazu u. a. Eccles, John: Die Evolution des Gehirns – die Erschaffung des Selbst, 3. Aufl. München 1994

14 Roth, G. in: Süddeutsche Zeitung vom 11. April 2000

15 Siehe Beer, Stafford: The Brain of the Firm, London 1972, 2. Aufl. London 1994 und The Heart of the Enterprise, 2. Aufl. London 1984 sowie die Website des Cwarel Isaf Institutes www.managementkybernetik.com.

16 Siehe dazu auch Drucker, Peter F.: Management, London 1973.

17 Siehe Porter, Michael E.: Competitive Advantage. New York 1985.

18 Drucker, Peter F. u.a.: Managing for Results, London 1964.

Beer, Stafford: The Brain of the Firm, London 1972, 2. Aufl. London 1994

Beer, Stafford: The Heart of Enterprise, London 1984 und 1994 und Website des Cwarel Isaf Institutes www.managementkybernetik.com

Beer, Stafford: Beyond Dispute, The Invention of Team Syntegrity, Chichester 1993

Dörner, Dietrich: Die Logik des Mißlingens, Reinbek b. Hamburg 1989.

Drucker, Peter F.: Managing for Results, London 1964,

Drucker, Peter F.: Management, London 1973

Drucker, Peter F.: The Age of Discontinuity, London1969; Neuauflage 1992

Eccles, John: Die Evolution des Gehirns – die Erschaffung des Selbst, 3. Aufl. München 1994

Frankl, Viktor: Der Mensch vor der Frage nach dem Sinn, München 1979

Hayek, Friedrich A.: Law, Legislation and Liberty, Bd. 3, London 1979

Häusel, Hans-Georg: Think Limbic!, Freiburg 2000

Heinsohn, Gunnar: Privateigentum, Patriarchat, Geldwirtschaft, Frankfurt a. M. 1984

Heinsohn, G.; Steiger, O.: Eigentum, Zins und Geld, Reinbek bei Hamburg 1996; 2. Aaufl. Marburg 2002 sowie ebda. Ergänzungsband zur Neuauflage, Eigentumstheorie des Wirtschaftens versus Wirtschaftstheorie ohne Eigentum.

Malik, Fredmund: Die Neue Corporate Governance, 3. Aufl. Frankfurt a. M. 2002

Malik, Fredmund: Führen Leisten Leben, 15. Aufl. München 2003

Martin, Paul C.: Der Kapitalismus – ein System, das funktioniert, München 1986

Porter, Michael E.: Competitive Advantage, New York 1985

DER AUTOR

Fredmund Malik, Professor Dr. oec. habil., ist Mitbegründer und Verwaltungsratspräsident des Malik Managementzentrums St. Gallen und einer der gefragtesten Berater für internationale Unternehmen. Er lehrt seit 1978 Unternehmensführung an der Wirtschaftsuniversität St. Gallen. Der Bestseller-Autor (»Führen Leisten Leben«, DVA, und »Die Neue Corporate Governance«, Frankfurter Allgemeine Buch) lebt in der Schweiz.